El camino hacia Champaña

El camino hacia Champaña

Los 13 principios que impulsarán tu éxito profesional

Alejandro Colindres Frañó

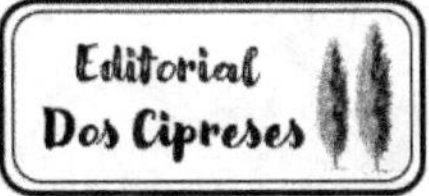

El camino hacia Champaña: los 13 principios que impulsarán tu éxito profesional

Traducción del libro *The Road to Champagne: 13 Principles to Drive Career Success,* publicado en inglés por Business Expert Press en el 2022.

Diseño de portada por EPH Design

ISBN-13: 979-8-9898079-2-5 (libro de pasta suave)

Editorial Dos Cipreses

Primera edición: 2024

Dedicado a mi mamá Isabel y a mi papá Marco Antonio
por enseñarme las valiosas lecciones que hicieron posible mi carrera,
y a mi esposa Erika por ser parte integral de ella.

Contenido

Testimonios

"Avanzar desde donde estás hasta donde quieres estar en tu carrera profesional puede resultar confuso y abrumador. Alejandro ha escrito la guía definitiva de herramientas para comprender cómo puedes lograr tus objetivos, con consejos prácticos y poderosos para guiarte a través del proceso. ¡Mi consejo es leer este libro para alcanzar el mayor potencial posible"!
—Dr. Marshall Goldsmith, autor número uno en ventas del New York Times con Triggers, Mojo y What Got You Here Won't Get You There; entrenador ejecutivo #1 de Thinkers 50

"¿Tu carrera está creciendo al ritmo que esperabas? ¿Estás buscando un marco que garantice tu movilidad profesional a lo largo de tu carrera? Alejandro ofrece una guía práctica para definir aspiraciones, conocerse a sí mismo, establecer conexiones y movilizar tu marca profesional. Esta guía, mejorada con la historia personal de Alejandro, ofrece ejemplos de la vida real de los trece principios del éxito profesional".
—Liza Kirkpatrick, vicedecana del Centro de Gestión de Carreras de Kellogg School of Management

"Me gusta la sencillez y practicidad de las ideas y principios que comparte Alejandro. Seguirlos no solo beneficiará tu carrera, sino también tu crecimiento personal, sin importar en qué etapa te encuentres".
—Chris Callieri, director ejecutivo de la cadena de suministro de Victoria's Secret

"El camino hacia Champaña te ayuda a comprender, de manera única, cómo desarrollar las habilidades y comportamientos que te llevarán al siguiente nivel".
—Guilherme Weege, presidente de la Junta del Grupo Malwee

"Esta joya es perfecta para mi carrera en este momento, y me ayudará a posicionarme mejor para el crecimiento y el éxito".

—Angélica Álvarez, gerente regional de aprendizaje y desarrollo de SGWS

"La lectura de este libro debería ser un rito de iniciación para todo joven profesional. Como universitaria recién graduada, me permitió incorporarme en el mundo profesional con un nivel alto de preparación y me permitió mantener una mentalidad de crecimiento a medida que continúo avanzando en mi carrera".
—Sasha Matera-Vatnick, gerente de I&D y calidad de Three Trees

"¡Demasiado bueno! Exhaustivo, te hace reflexionar. Transformador. Si bien está destinado a profesionales que inician su carrera, El camino hacia Champaña es apropiado para cualquier etapa, y un gran material si estás ayudando a otros a crecer. A través de anécdotas honestas y oportunas, datos perspicaces y llamados a la acción prácticos, este escritor te proporciona de todas las herramientas necesarias. Nunca verás tu carrera de la misma manera. Abróchate el cinturón y prepárate para el viaje".
—Cliff Goins III, director de desarrollo empresarial de Amazon

"Ayuda a los jóvenes profesionales no sólo a avanzar en sus carreras, sino a hacerlo de una manera que combine sus pasiones para un crecimiento sostenible y equilibrado".
—Megan Prichard, vicepresidente de Cruise (en General Motors)

"Una guía práctica para el éxito como líder y gerente. Alejandro utiliza su experiencia internacional con excelentes resultados, con ejemplos vívidos y secciones de planificación prácticas. La actitud adecuada, el autoconocimiento y la proactividad son un poderoso cóctel para alcanzar el éxito en cualquier parte del mundo".
—Dr. Mabel M. Miguel, profesora de Liderazgo y Gestión, Universidad de Carolina del Norte en Chapel Hill

Agradecimientos

Me gustaría agradecer a todas las personas que me han permitido avanzar en mi carrera al darme la oportunidad de trabajar para ellos en Honduras, Estados Unidos y Brasil; a quienes me han asesorado y me han ayudado a abrirme puertas en el mundo profesional. Ellos me enseñaron muchas de las lecciones que me formaron:

Rebecca K.	Jeff W.	Ignacio F.
Victor G.	Per H.	Luis B.
Ricardo G.	Leo V.	Paulo M.
Tobis C.	Matt L.	Stephen VO.
Gerardo T.	Marcos G.	Ray L.
Quico Q.	Carlos C.	Terry A.
Patrick VdB.	Oswaldo N.	
Sean M.	Ilde S.	

Agradezco a mis padres, familiares, compañeros de trabajo, amigos y esposa por hacer de este un viaje gratificante; a mis profesores de la Escuela Americana de Tegucigalpa, de la Universidad de Cornell y de Kellogg-Northwestern; a mis amigos que me dejaron compartir un poco sobre sus historias; a mis lectores voluntarios por sus sugerencias; a mi sobrina Karen Turcios por los gráficos internos y a Phil Buckley por guiarme a través del proceso de publicación de un libro.

Introducción

¿Cómo puedo hacer para seguir creciendo en mi carrera?

¿Cómo puedo alcanzar el próximo paso de crecimiento?

Estas son preguntas que me hago frecuentemente. Hoy en día, estoy mejor preparado para responderlas. Sin embargo, hace unos años, me preguntaba cómo mis sobrinos y sobrinas, que son jóvenes profesionales, podrían encontrar esas respuestas, y quién los guiaría a lo largo de ese proceso. Así nació la idea de este libro. Quería compartir consejos claros y estructurados sobre cómo gestionar y navegar su carrera profesional para alcanzar el éxito. Concluí que esos consejos debían llegar a un público más amplio, porque todo lo que les compartí a ellos, aplica para ti también.

En los últimos treinta años, he recorrido un largo camino desde que me gradué de la escuela secundaria, y mis experiencias profesionales y personales me han dejado importantes lecciones: todos tenemos espacio para seguir creciendo y avanzando, como así también conocimientos relevantes que pueden ayudarnos a acelerar el éxito que perseguimos.

Quiero ayudar a que tu viaje de crecimiento en tu carrera sea más eficiente. En este libro, encontrarás un conjunto de principios que cambiarán el juego y que han sido fundamentales en mi carrera y en mi vida: *los trece principios del éxito profesional*. Juro por estos principios, porque allanan el camino para que alcance y continúe logrando mis objetivos profesionales, y también he sido testigo del poder de estos principios en las vidas de muchas otras personas. Ninguno de estos principios es trascendental o nuevo. De hecho, ¡siempre han estado allí, esperando que nosotros los redescubramos y usemos!

Si eres un joven profesional que desea crecer en tu profesión o área de expertiz, este libro te mostrará cómo hacerlo. Cuanto más joven asimiles e implementes estos principios, mejor te irá. Es como ahorrar e invertir para tu jubilación: cuanto más joven empieces, más cómoda será tu jubilación. Pero eventualmente debes comenzar a hacerlo, independientemente de tu edad. Aquí también podrás encontrar valor si eres más maduro.

Ya seas un estudiante universitario o un recién graduado, un estudiante de una escuela de negocios o un MBA reciente, un joven profesional en una organización grande o pequeña, un aspirante a emprendedor o incluso un ejecutivo experimentado con espacio para crecer, este libro es para ti. No importa si trabajas en una industria, en el gobierno, en una ONG o si eres propietario de una pequeña empresa… estos principios te serán de ayuda.

Estos principios son como las leyes de la física: se aplican a todos nosotros. Hablando de las leyes de la física, este libro te ayudará activamente a superar una fuerza que afecta a muchos: la inercia profesional. Esto significa que requerirás aplicar distintos niveles de energía o esfuerzo para que cada principio dé sus frutos.

Déjame contarte un poco sobre mí. Nací y crecí en Tegucigalpa, la capital de Honduras, en Centroamérica. Soy el menor de cuatro hermanos. Mi padre era un ingeniero civil, dueño de una empresa de construcción. Construyó casi un centenar de puentes en todo el país, y mi madre dejó temprano su carrera de contabilidad para criarnos. Aunque nací en uno de los países más pobres del hemiferio, tuve el privilegio y la bendición de asistir al mejor colegio de mi país, la Escuela Americana de Tegucigalpa.

Esto me abrió los ojos al mundo exterior, y me preparó para la Universidad de Cornell, donde estudié tecnología de alimentos. Recibí mi maestría en Administración de Empresas (MBA) de Kellogg School of Management en Northwestern University, con especialización en gestión, estrategia y mercadeo. Completé múltiples cursos de educación ejecutiva en la Universidad de Harvard, Harvard Business School, MIT Sloan School of Management, Wharton School, y Fundação Getulio Vargas en Brasil.

Durante más de veinticinco años, he trabajado como consultor gerencial en firmas prestigiosas y en empresas de alimentos y bebidas en diferentes sectores. Esto en empresas familiares, públicas, y de capital privado, con ingresos anuales de entre diez millones de dólares y cuarenta y ocho mil millones de dólares en varios países.

Esta diversa trayectoria profesional me expuso a muchas lecciones sobre crecimiento profesional y personal, liderazgo y gestión de carrera.

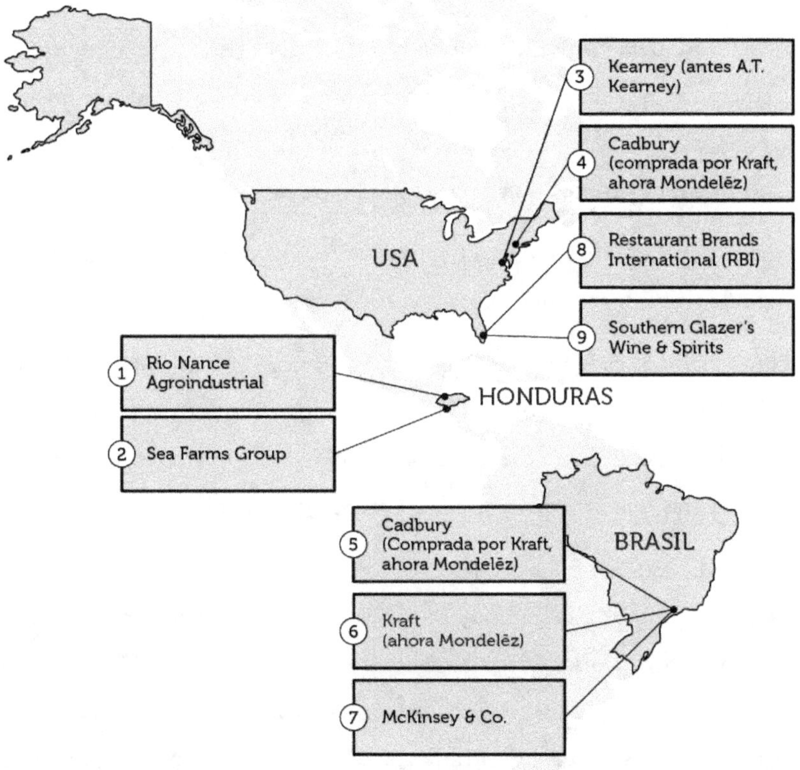

Figura I.1. La trayectoria de Alejandro

No, no soy un famoso CEO ni un empresario billonario. Puedes leer sobre Satya Nadella o Elon Musk en otro lugar. ¿Por qué deberías escuchar mis consejos? Porque soy un experto solucionador de problemas, que analizó y descubrió por qué la mayoría de los profesionales están *aquí* cuando tienen el potencial de estar *allá*. He conseguido emocionantes metas en mi carrera que me han hecho exitoso, y aún no he terminado de crecer. También es importante decir que, al igual que todos, también he cometido errores en la gestión del crecimiento de mi carrera.

¿Qué es el éxito?

El éxito no es alcanzar el escalón más alto en tu jerarquía, porque si eso fuera cierto, sólo una persona en una organización de diez mil tendría éxito. En mi caso, el éxito significa ser capaz de construir proactivamente una vida donde mis pasiones se crucen.

Lo que hago para ganarme la vida, para cuál organización lo hago, dónde vivo... todo está definido por mis deseos e intereses. Esto también debería traducirse en prosperidad financiera.

¿Qué sentido tiene sentir pasión por un trabajo que no te permita ser libre económicamente? La realización profesional y la prosperidad pueden y *deben* ir de la mano. Aplicar los trece principios me ha ayudado a lograr la intersección de mis pasiones, porque me permiten controlar el rumbo de mi carrera.

Entonces, ¿qué significa construir activamente una vida en la que tus pasiones se cruzan? Significa vivir la vida que deseas sin hacer grandes sacrificios.

Tal como ejemplifica la Figura I.2, el éxito profesional es: disfrutar de lo que haces, ser excelente en ello, amar donde lo haces (equipo, empresa), amar donde vives, y disfrutar de prosperidad financiera. Durante muchos años disfruté de *algunos* de estos elementos, mientras que otros fueron un sacrificio consciente.

Viví en ciudades que no necesariamente amaba, pero allí encontré las experiencias adecuadas que necesitaba en ese momento. ¿Crees que este adolescente tropical quería estar en Ithaca, Nueva York? Absolutamente no. Quería vivir en una ciudad playera y surfear después de clase, pero reconocí que Cornell probablemente sería más eficaz a la hora de dar forma a mis futuras oportunidades. Entonces terminé comprando ropa de invierno en lugar de camisetas playeras, y mis sueños de surfear fueron reemplazados por el snowboard.

Trabajé en puestos en los que me sentía mal pagado, pero sabía que una inversión temporal en mi crecimiento eventualmente me posicionaría en puestos mejor remunerados. Trabajé en posiciones en las que no me veía trabajando por mucho tiempo, pero tenía que sobresalir allí para adquirir habilidades que serían útiles en el futuro. No, no amé trabajar en compras y nunca perseguiría una carrera en eso, pero me ayudó a solidificar mis habilidades de negociación y me permitió trabajar con la mayoría de los países de América Latina y el Caribe, lo que sí me encantó.

Los trece principios me han llevado en un viaje emocionante a través de las mejores escuelas y empresas líderes en varios países. Me han permitido alcanzar una etapa apasionante: trabajar en estrategia comercial en una división multibillonaria de una empresa líder en la industria, ¡una división que alberga una icónica y prestigiosa

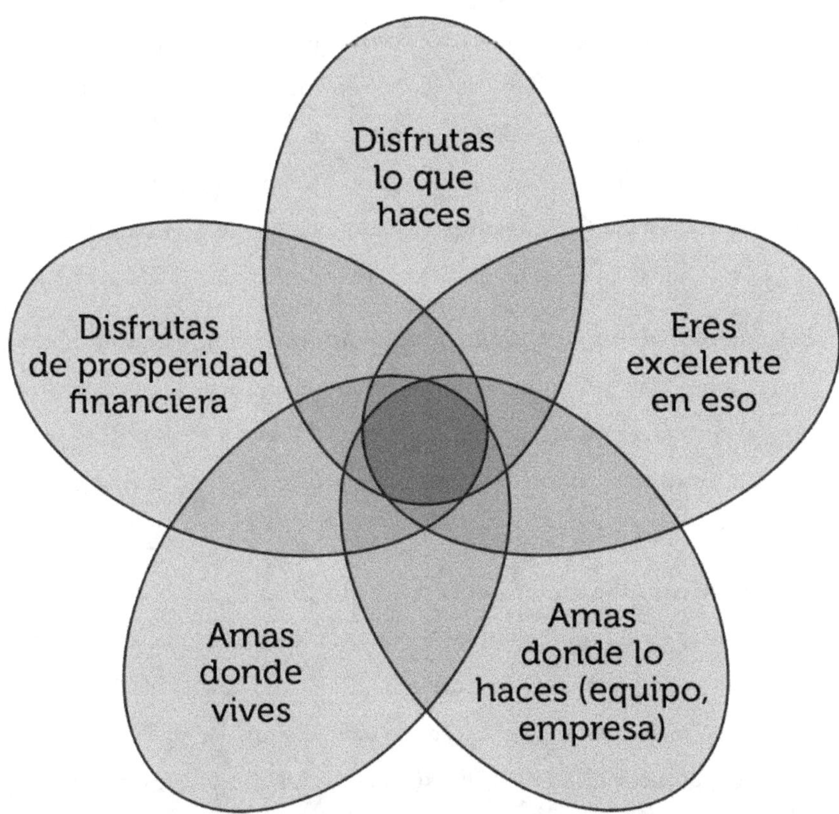

Figura I.2. Definición del éxito profesional según Alejandro

cartera de Champaña!

¿Por qué Champaña?

Como sabrás, la champaña (o champán) representa una celebración del éxito, logros y alegría. Está presente cuando un piloto de Fórmula 1 gana una desafiante carrera, o cuando tus seres queridos se casan. Hace un par de años, conduje desde Múnich a Alsacia y luego a Champaña a través de las hermosas y sinuosas montañas de los Vosgos para visitar casas de champaña mientras estaba de vacaciones con mi esposa. En sentido figurado, también he conducido mi carrera por un camino apasionante y sinuoso hasta llegar a esta etapa de Champaña que estoy disfrutando. Quiero que tú también desencadenes esos momentos exitosos en tu carrera que ameriten celebrar con champaña, y por eso quiero darte las mejores herramientas para hacerlo.

Al escribir este libro, puedo decir honestamente que mis pasiones se han cruzado perfectamente, porque yo…

- **Trabajo en estrategia comercial como vicepresidente**. Ayudo a nuestra empresa a tomar las mejores decisiones en múltiples cuestiones estratégicas. Esto es en lo que sobresalgo, y obtengo una gran satisfacción al resolver problemas complejos y en guiar al equipo ejecutivo hacia la mejor solución. Estoy aprovechando el conjunto de herramientas de consultoría que refiné después de años exigentes y transformadores en Kearney, McKinsey y RBI.

- **Trabajo en el mejor y más grande distribuidor estadounidense de champaña, vino y licores**. Palabra clave: ¡Champaña! Desde que tomé un curso de introducción al vino en la universidad hace 30 años, me he convertido en un aficionado al vino. Visitar regiones vinícolas es mi definición de unas vacaciones perfectas.

- **Vivo en Miami**. Ya no tengo que raspar hielo en el vidrio de mi automóvil, estoy más cerca de mi familia, y gozo de un hermoso estilo de vida playero. Tenía mis ojos puestos en Miami desde 2003, cuando vivía en Virginia. ¡Me tomó más de una década establecerme aquí! Estuve en Brasil antes de eso y limité mi búsqueda de empleo en Estados Unidos a nada que estuviese al norte de Ft. Lauderdale. Funcionó. Ahora tengo palmeras afuera de mi ventana y el Caribe como mi patio trasero.

¿Te preguntas por qué no esperé a progresar más en mi carrera, convertirme en un ejecutivo de mayor nivel y así impresionarte con un título más llamativo? Es sencillo: creo que los mismos principios que puedo compartir con ustedes ahora son los que compartiría con ustedes dentro de 2 a 8 años, o cuando mi carrera alcance su punto máximo. ¡Pero decidí hacerlo ahora para que puedas beneficiarte de él cuanto antes!

El camino hacia Champaña no se trata de llegar a un destino final. Se trata de pasar a la siguiente fase en la que disfrutas de más éxito: una fase que vale la pena celebrar... ¿por qué no? ¡con un poco de champaña! ¿Qué me espera luego de esta apasionante etapa? Tal vez esté relacionado con vinos y champaña, no lo sé, pero debe ser algo que amplíe mi éxito y continúe brindándome más de lo que busco.

El marco

Este marco te ayudará a pasar a la siguiente etapa de manera más eficiente y a tener más impulso para acelerar el crecimiento continuo. El marco es simple y fácil de entender.

Sin embargo, puede que no sea fácil de ejecutar, ya que requiere esfuerzo; cuánto depende de qué tan competente seas en cada principio.

A través del marco de los trece principios, apreciarás cómo cada principio es relevante para ti, verás ejemplos reales de cada principio en acción, y desarrollarás acciones específicas para comenzar a activar cada principio en tu vida.

Este libro consta de tres partes, donde exploraremos:

1. Qué mentalidad te ayudará a impulsarte hacia adelante
2. Cómo construir y gestionar tu marca profesional
3. Cómo convertirte en tu propio conductor

La siguiente Figura I.3 presenta el marco que une estas partes y los 13 principios.

Entonces, ¿cuál es tu Champaña? ¿A dónde quieres llegar? Abróchate el cinturón y enciende el motor: exploraremos el marco que te ayudará a acelerar hacia una mejor fase en tu carrera. ¡Vamos!

Actualización: Alejandro ahora vive en España donde comienza una nueva etapa profesional de emprendimiento después de cerrar un provechoso ciclo corporativo de más de 25 años.

Figura I.3 El marco de El camino hacia Champaña ©

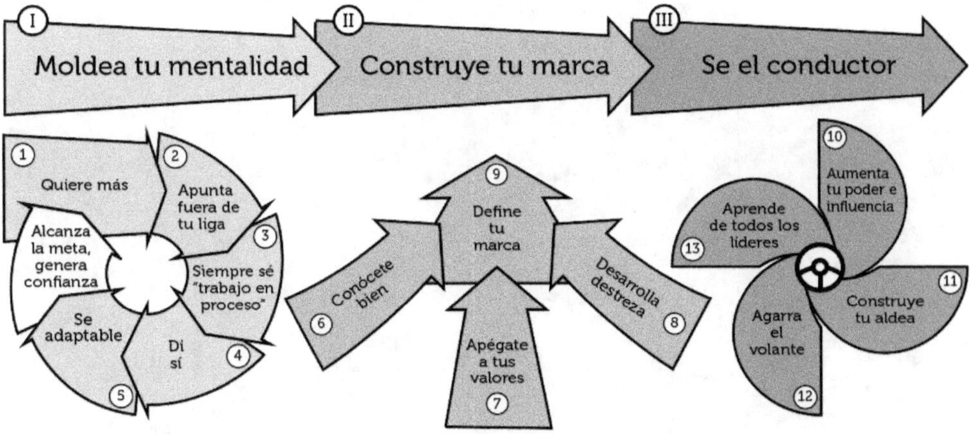

"Si no persigues lo que quieres, nunca lo tendrás. Si no preguntas,
la respuesta siempre será no. Si no das un paso adelante, siempre
estás en el mismo lugar."

—Nora Roberts, autora estadounidense

Sugerencias de lectura

- Lee los capítulos en orden cronológico para recorrer el marco de la manera más lógica.

- No te limites a leer: realiza pausas para reflexionar cuando encuentres una pregunta. Hay espacio para que anotes tus pensamientos y respuestas.

- Para obtener el máximo provecho, completa las Acciones a Tomar al final de cada capítulo. El objetivo es ayudarte a convertir los conceptos en pasos concretos para practicar el principio en tu vida.

- Completa el ejercicio de autoevaluación al final de cada capítulo. Esto te ayudará a priorizar en qué principios centrar tus esfuerzos de mejoría, cuando llegues a la sección Autoevaluación al final del libro.

PARTE I

Moldea tu mentalidad

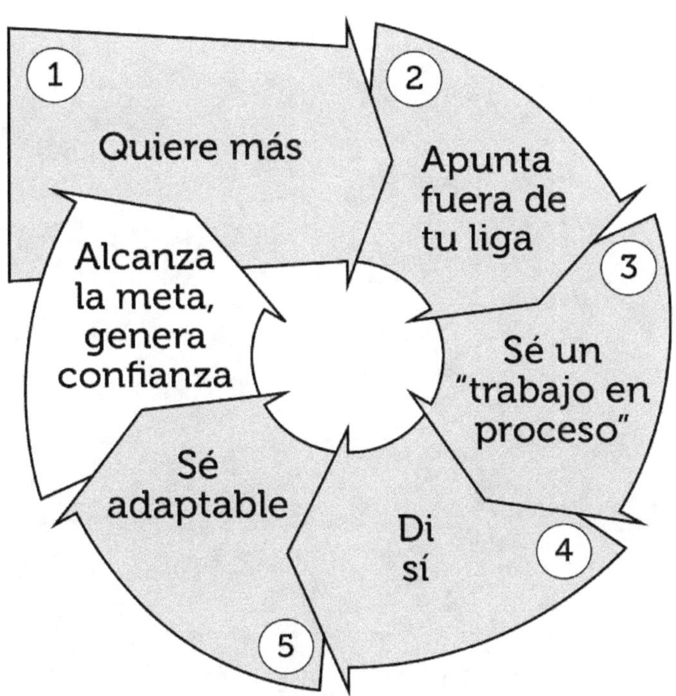

CAPÍTULO 1

Quiere más

"Cuando cumplas un sueño, sueña otro. Conseguir lo que quieres sólo es un problema si no tienes adónde ir después. Soñar es una ocupación de por vida."

—Rudy Ruettiger, autor y orador motivacional estadounidense

¿Por qué deberías?

"¿Cómo puedo hacer para seguir creciendo en mi carrera? ¿Cómo puedo alcanzar el próximo paso de crecimiento?" La premisa subyacente de estas preguntas es que puedo *hacer algo* respecto la dirección que toma mi carrera. Si no tuviera control sobre mi carrera, no perdería el tiempo reflexionando sobre esto. ¡Pero yo sí tengo el control, y *tú también!* Todo comienza con nuestra forma de pensar, que puede requerir reprogramación; afortunadamente, nuestra forma de pensar puede cambiar, evolucionar y mejorar. La premisa más grande e importante que tengo sobre por qué deberías leer este libro es que "más" es posible en tu carrera y en tu vida.

¿Más qué? Más conocimiento, más responsabilidad, más impacto, más experiencias, más plenitud, más autonomía, más control sobre tu vida, más exposición internacional, más prosperidad o más felicidad. "Más" no debería ser una propuesta codiciosa centrada en acumular dinero: eso llegará cuando logres *más* de algunos de los elementos que enumeré. Cuando haces del dinero tu única misión, corres el riesgo de tomar malas y costosas decisiones.

Debes determinar qué es de lo que quieres obtener más. Sólo entonces podrás intentar averiguar dónde puedes conseguirlo y cómo llegar hasta allí. De lo que quieras más va a evolucionar a medida que madures. Por ejemplo, al principio de mi carrera quería más responsabilidad y oportunidades para adquirir experiencia, luego también quería experiencia en mercados emergentes y más tarde quería más equilibrio trabajo-vida personal. Eso es normal. Pero descubre qué es de lo que quieres más *ahora*.

Para crecer en nuestra carrera, necesitamos la mentalidad adecuada, y querer más es el primer paso para moldear nuestra mentalidad. Es un reconocimiento de que aún nos quedan muchos metros por recorrer para llegar a la meta. Sin embargo, muchas personas no quieren más. Es cierto que muchos desean más, pero pocos ponen gran esfuerzo detrás de ese deseo. Como verás, todos los principios que cubriremos requieren acción. Los principios son simples, pero no precisamente fáciles de ejecutar. Querer más requiere el equilibrio adecuado: muy poco no genera crecimiento, pero demasiado puede generar frustraciones y falta de tranquilidad.

Entonces, ¿por qué muchos no quieren más en su carrera o en su vida? Hay varias posibles respuestas, pero aquí están las tres más comunes:

- **No creen que sea posible obtener más**. Su marco de referencia no les permite ver todas las posibilidades que existen: su mentalidad limita su visión. Piensan que su etapa actual es la meta, porque carecen de la guía de otros que puedan ayudarlos a ver lo que les espera más allá.

- **Están demasiado centrados en el presente**. La etapa actual puede ser cómoda: la conocen bien y no está del todo mal. Esa zona de confort les impide soñar con el futuro.

- **Consideran que el cambio es riesgoso**. Todo lo que venga después implica cambio, y muchos le temen al cambio.

El peligro es que, al no querer más, la gente cae en la trampa del estancamiento: la inercia profesional. Cuando no quieren más, su viaje prácticamente ha terminado y alcanzan prematuramente su objetivo final. Si eres joven, esta no es una buena manera de vivir. ¡Demasiado potencial desperdiciado! Siguen viviendo sus vidas renunciando a todas las grandes posibilidades. Por otro lado, cuando estás obsesivamente consumido por querer más, no disfrutas el presente y corres el riesgo de ser inundado por emociones negativas que pueden descarrilarte. Pronto conoceremos más sobre esto.

Cuando quieres más de forma equilibrada y saludable…

- Obtienes la chispa que inicia un proceso de objetivos para tu carrera profesional.

- Te impulsa a crear un plan para trabajar hacia tu nueva aspiración.

- Ejecutar ese plan maximiza la probabilidad de alcanzar la meta de obtener más.

Por lo tanto, cuando quieres más, planificas estratégicamente cómo obtenerlo y trabajas en tu plan, ¡estás abriendo la puerta a que llegue el más! Querer más es simplemente querer liberar tu potencial y mejorar tu situación.

¿Por qué he querido más? Porque creí que era capaz de lograr mayores y mejores objetivos. Al no querer más, estaba desaprovechando mi potencial. ¿Por qué creí que era capaz de más? Bueno, porque confiaba en que mis habilidades me permitirían cumplir misiones más grandes basado en recientes logros. La autoeficacia, o la confianza que tienes en tu potencial para desempeñarte, te lleva a lograr los resultados que esperas. Sin embargo, lo contrario también es cierto: si no crees en ti mismo, no conseguirás mucho. ¡Lo que creemos puede anclarnos o impulsarnos! Y no nos gustan las anclas cuando intentamos acelerar nuestro crecimiento, ¿cierto?

Para querer más, algunos lectores necesitan remodelar su forma de pensar, lo cual es posible según muchos, incluyendo a Carol Dweck, profesora de psicología en la Universidad de Stanford. En su libro *Mindset*, explica que la visión que adoptas sobre ti mismo afecta profundamente la forma en que llevas tu vida[1]. Ella define la mentalidad como un conjunto de creencias que pueden cambiar, y presenta dos tipos: la mentalidad fija y la de crecimiento. Las personas con mentalidad fija intentan demostrar que tienen talento y dominan lo que saben. Por otro lado, las personas con mentalidad de crecimiento intentan ampliar lo que saben y aprender aún más. Como sabes, las etapas iniciales del aprendizaje te hacen sentir como un principiante. Esto evita que las personas con mentalidad fija obtengan alegría en el aprendizaje y, por tanto, evitan este tipo de experiencias.

El autor de *There Is More* capta perfectamente esta noción cuando afirma: "Siempre hay más por delante de lo que te has permitido soñar o creer" [2].

---

[1] CS Dweck. 2016. *Mindset: The New Psychology of Success.* Ballantine Books

[2] B. Houston. 2018. Three Is More. WaterBrook.

Debo señalar una implicación importante de querer más, porque si no lo hago, corres el riesgo de caer en una desagradable trampa en la que caen muchos. Querer más no significa que estés constante y permanentemente insatisfecho con tu estado actual. Esa horrible condición puede torturar a muchos, y no estoy defendiendo eso... de hecho, quiero advertirte sobre ello.

Quiere más, pero sé agradecido

Permíteme comenzar reconociendo públicamente que tengo una vida bendecida. Siempre trato de estar agradecido y disfrutar cada etapa de mi vida y mi carrera: todos los altibajos, las victorias y los fracasos, lo momentos de dolor y alegría, el aburrimiento y la emoción de mi carrera. Por supuesto, he enfrentado muchas luchas y decepciones, así como todos los demás, pero eso no cambia lo que siento con respecto a mi vida. Y yo afirmaría que tú también eres muy bendecido y privilegiado. Partiendo por el hecho de que estás aquí, explorando cómo acelerar el crecimiento en tu carrera, cuando muchas personas no gozan de la salud, la educación, el impulso, o los medios para enfocarse en su futuro profesional. En nuestras vidas, tenemos decenas de privilegios que otros desearían tener. Dónde enfocamos nuestras mentes, en lo que nos falta o en lo que tenemos, es una decisión crítica con consecuencias importantes.

Un estudio realizado por *The Journal of Personality and Social Psychology*[3] concluyó que "centrarse conscientemente en las bendiciones puede tener beneficios emocionales e interpersonales". Y enumera los siguientes beneficios de la gratitud:

- Aumenta el bienestar al construir recursos psicológicos, sociales y espirituales.
- Inspira reciprocidad social y altruismo.
- Construye y fortalece vínculos sociales y amistades.
- Amplía el alcance de la cognición y permite el pensamiento flexible y creativo.
- Facilita el afrontamiento del estrés y la adversidad.
- Aumenta la probabilidad de que las personas funcionen de manera óptima y se sientan bien en el futuro.

[3] R.A. Emmons and M.E. McCullough. 2003. "Counting Blessings Versus Burdens: An Experimental Investigation of Gratitude and Subjective Well-Being in Daily Life". *The Journal of Personality and Social Psychology* 84, no.2, pp. 377–389.

Otras fuentes enumeran aún más beneficios, incluido un mejor sueño[4], mejor salud[5], e incluso vida amorosa[6]. Por otro lado, yo he podido notar efectos negativos en personas que se concentran en lo que les falta, incluido el deterioro de su salud y la falta de tranquilidad.

En conclusión, querer más no contradice ser agradecido, ambas pueden convivir. Comprender este equilibrio te equipará mejor para tu viaje. Basándome en décadas de observación de quienes me rodean, propongo que hay cuatro tipos de personas, en función de dos variables, como se muestra en la Figura 1.1.

> La desventaja de creer que serás feliz cuando alcances tu próxima meta es que podrías pasar toda o la mayor parte de tu vida sintiéndote insatisfecho e infeliz, porque siempre debería haber otra meta a la que aspirar. El autor Dr. Marshall Goldsmith, en su *bestseller What Got You Here Won't Get You There*, se refiere a la tendencia a creer que la felicidad está condicionada a ciertos logros (como conseguir ese ascenso, ganar más dinero, etc.) como la Gran Enfermedad Occidental. Debemos hacer un mejor trabajo desconectando nuestra felicidad de nuestra cuenta bancaria o lista de logros. Disfrutemos y apreciemos el presente, aunque sea imperfecto.

Todos caemos en una de las cuatro zonas de la matriz, en un momento dado. Puedes identificar en cuál de los cuatro grupos caen los demás según su nivel de felicidad, de qué hablan, e incluso su forma de ver la vida. Exploremos cada una de las cuatro zonas de la matriz (observa que cada una está numerada) y hagámoslo en el sentido contrario a las agujas del reloj:

---

[4] AM Wood y cols. Enero de 2009. "Gratitude Influences Sleep Through the Mechanism of Pre-sleep Cognitions". *Journal of Psychosomatic Research* 66, no. 1.

[5] P.J. Mills et al. 2015. "The Role of Gratitude in Spiritual Well-being in Asymptomatic Heart Failure Patients". *Spirituality in Clinical Practice* Vol. 2, No. 1, pp. 5–17. American Psychological Association.

[6] S.B. Algoe et al. 2010. "It's the Little Things: Everyday Gratitude as a Booster Shot for Romantic Relationships". *Personal Relationships* 17, pp. 217–233.

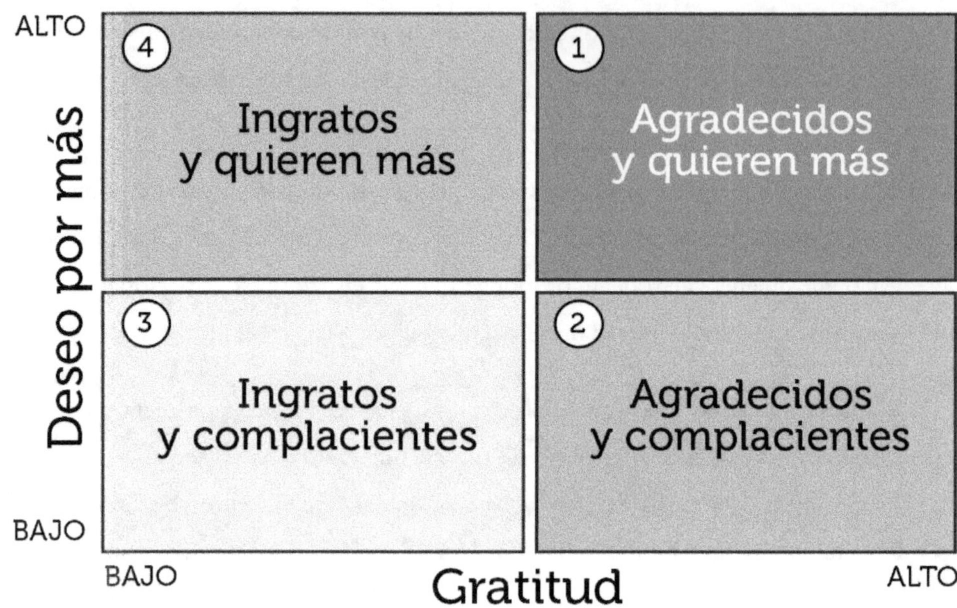

Figura 1.1 Matriz "Quiere más"

Zona #4: ***Ingratos y quieren más***. La gente en esta zona quiere hacer algo para seguir evolucionando y mejorando: ¡Impresionante! Sin embargo, típicamente se sienten más preocupados, estresados e insatisfechos que las personas de las zonas #1 y #2. Muchos de ellos gozan de logros positivos en sus vidas, pero las pasan por alto y sólo se concentran en lo que no tienen. Creen que serán felices cuando obtengan más.

Zona #3: ***Ingratos y complacientes***. La peor zona para estar, porque están sentados cómoda y pasivamente, concentrados en lo que no tienen. Se quejan mucho pero no hacen nada respecto de lo insatisfactoria que es su carrera o su vida. Están igualmente expuestos a las emociones negativas que afectan a quienes se encuentran en la zona #4.

Zona #2: ***Agradecidos y complacientes***. La gente en esta zona aprecia lo que está a su favor, pero pierden grandes oportunidades simplemente porque se han acostumbrado a sus cómodas circunstancias. Por supuesto, hay una presencia temporal saludable en esta zona, que es cuando acabas de conseguir una meta y quieres disfrutarla antes de comenzar a planificar el páso siguiente. Pero muchos jóvenes se quedan estancados en esta zona, nunca piensan en el siguiente paso y echan raíces permanentes en la zona #2.

Zona #1: **Agradecidos y quieren más**. La gente de esta zona aprecia la etapa en la que se encuentran actualmente, dan las gracias por ella y están dispuestos a dar un paso más y construir sobre esas bendiciones y logros para llevar su vida a una nueva y mejor etapa. Como cristiano, siempre me aseguro de dar las gracias a Dios por cualquier cosa que me suceda ese día o semana... y luego oro por sabiduría y resistencia para lograr un mayor crecimiento y avance. Filipenses 4:6 dice: "Por nada estéis afanosos, sino sean conocidas vuestras peticiones delante de Dios en toda oración y ruego, con acción de gracias". Ya que "acción de gracias" está conectado con "vuestras peticiones," no veo un conflicto entre apreciar las circunstancias presentes y querer más.

Pero no es necesario que compartas mis creencias espirituales para apreciar el poder del agradecimiento, ¡la investigación científica lo explica claramente! La zona #1 es la zona más saludable para tu carrera: te beneficias de la tranquilidad de apreciar lo que tienes y además mejoras continuamente para un mejor futuro.

Entonces, después de reflexionar: **¿qué zona te describe mejor en este momento?** Si la respuesta no es la que buscabas, la buena noticia es que podemos controlar en qué zona estamos. Si no estás en la zona #1, puedes avanzar hacia ella adoptando cambios pequeños pero impactantes. Aquí te dejo algunas ideas:

- Cada día haz una pausa y aprecia tu situación actual. A pesar de las dificultades, aun así tienes muchas cosas por las cuales agradecer. Expresa esa gratitud.

- Documenta tus agradecimientos en una libreta donde puedas escribir diariamente durante un par de semanas. Construye el hábito de agradecer por lo que tienes.

- Cuida lo que sale de tu boca. ¿Palabras de agradecimiento o de queja? Muérdete la lengua antes de quejarte y aprende a concentrarte en lo positivo.

- Expresa tu agradecimiento a los demás, incluso por lo pequeño.

- Identifica qué aspectos de tu carrera y de tu vida pueden mejorar: ¿de qué quieres más? ¿Qué es lo que te falta? ¿Hay algo en tu lista de gratitud que quieras ampliar?

- Cree que *más* es posible, porque lo es. Visualízate a ti mismo teniendo más.

Consulta las Acciones a Tomar al final del capítulo y define pasos específicos a seguir. Haz una pausa y piensa cómo aplicar cada principio a tu carrera y vida.

"Reflexiona sobre tus bendiciones presentes, de las cuales cada hombre tiene muchas, no sobre tus desgracias pasadas, de las cuales todos los hombres tienen algunas".

—Charles Dickens, novelista británico (1812-1870)

Es hora de salir

Después de graduarme de la Universidad de Cornell, regresé feliz a Honduras porque quedarme y trabajar en los Estados Unidos no me parecía tentador en ese momento. Extrañaba a mis amigos, a mi familia y a mi novia Erika, quien es ahora mi esposa. Además, necesitaba un descanso de los brutales inviernos de Ithaca en Nueva York.

Mi primer trabajo fue como gerente de control de calidad en una pequeña empresa familiar procesadora de frutas, donde administré un departamento desde el primer día: ¡Una responsabilidad que no muchos recién graduados asumen! Sin embargo, me tomó pocos meses darme cuenta de que no había oportunidades de crecimiento interno. Renuncié después de once meses y me uní a una de las empresas locales más reconocidas, el Grupo Granjas Marinas, líder en acuicultura en América Latina en esa época. Ocupé un buen puesto como gerente de aseguramiento de calidad, me desempeñé bien y formé buenas relaciones con personas de todos los niveles. Estaba agradecido por eso y realmente estaba disfrutando esa etapa.

En Centroamérica, la mayoría de las empresas son privadas, donde un puñado de familias controlan la economía de todo el país. Después de varios años, me di cuenta que a pesar de mi sólida trayectoria, sin el apellido correcto, mi crecimiento era limitado: los puestos ejecutivos estaban reservados para miembros de la familia o personas de su círculo. Tendría que casarme con la sobrina de alguien para tener las oportunidades más atractivas, o cambiar mi contexto a uno más meritocrático, donde la norma sea ascender en función de mis habilidades. Quería que mi carrera creciera más, pero mi potencial y mi impulso ya estaban llegando a factores limitantes.

Cuando me aceptaron en una escuela de negocios en Estados Unidos, decidí que esta vez sí buscaría oportunidades de crecimiento en Estados Unidos. En tal contexto empresarial, mis vínculos familiares se vuelven menos relevantes y lo que importa es qué valor que puedo crear para la organización. Después de cuatro años y medio trabajando en mi país, me fui sin intención de volver para trabajar. Si no hubiera querido crecer más allá del techo de cristal a mi alrededor, todavía estaría debajo de él. Pero yo quería más, y eso desencadenó una serie de eventos, giros, y logros que han enriquecido mi vida. Todo comenzó con este principio de *querer más.*

En resumen

El primer paso en un viaje para mejorar y transformar tu carrera o vida es querer más. Por lo tanto, es un requisito previo para liberar los poderes de los otros doce principios. Este primer paso comienza en tu mente. Según *The Champion's Mind,* de Jim Afremow, lo que diferencia a las estrellas de un deporte al resto de los jugadores, es la mentalidad.[7] Si esto es cierto para los atletas que compiten en fuerza física, habilidad y resistencia, imaginemos cuánto más aplicable es esto a nuestras carreras no deportivas, donde competimos con nuestras capacidades mentales. Jim explica cómo adoptar una mentalidad ganadora ayudará a los atletas a rendir al máximo y les permitirá tener éxito cuando más lo deseen. Una mentalidad de crecimiento y una actitud agradecida te acercarán a la cima de tu juego: encuentra un hogar en la zona #1 con solo visitas temporales a la zona #2. Evita por completo las zonas #3 y #4.

> "Bueno es el enemigo de lo excelente. Pocas personas logran una vida maravillosa, en gran parte porque es muy fácil conformarse con una buena vida."

> —Jim Collins, autor y orador sobre negocios estadounidense

---

[7] J. Afremow. 2013. *The Champion's Mind.* Rodale.

Puntos clave: Quiere más

- Querer más es un requisito cuando nos preguntamos: "¿cómo puedo hacer para seguir creciendo en mi carrera? ¿cómo puedo alcanzar el próximo paso de crecimiento?"

- No te conformes o te pongas demasiado cómodo, aspira a más en tu vida.

- Necesitas saber de qué quieres más.

- Lo que crees que puedes lograr, moldea lo que logras.

- Sé agradecido por lo que tienes y por tus circunstancias actuales.

Autoevaluación

¿Qué afirmación te describe mejor? Encierra en un círculo la letra correspondiente.

a) Me cuesta querer más. Mi situación actual no es mala, así que rara vez me esfuerzo por buscar mejores oportunidades.

b) Generalmente quiero más, pero no busco activamente nuevas formas de crecer en mi carrera. Sólo hay unos pocos ejemplos de ello en mi carrera y vida.

c) Tengo un sólido historial de querer más. Sé que puedo hacer cosas más grandes, por eso busco oportunidades de crecimiento: incluso ahora.

Acciones a tomar

- Piensa en qué grupo perteneces: actualmente pertenezco a la zona # _______.

- ¿Es necesario hacer cambios? ¿En qué dirección (hacia arriba, a la derecha, o ambas)? _____________________________

- Enumera diez aspectos de tu carrera y de tu vida por los que estás agradecido:

  - _____________________________
  - _____________________________
  - _____________________________
  - _____________________________
  - _____________________________
  - _____________________________
  - _____________________________
  - _____________________________
  - _____________________________
  - _____________________________

- Define tres o cuatro aspectos de tu vida y carrera que pueden mejorar (puedes incluir aspectos de la primera lista). ¿De qué quieres más?

  1. _____________________________
  2. _____________________________
  3. _____________________________
  4. _____________________________

- Para cada uno de los puntos anteriores, escribe acciones concretas que tomarás para que ese *más* se haga realidad. Agrega fechas de cuándo debes completarlas (Agrégalo a tu calendario digital para recibir recordatorios).

1.   Fecha Limite

   o ____   ________

   o ____   ________

   o ____   ________

2.

   o ____   ________

   o ____   ________

   o ____   ________

3.

   o ____   ________

   o ____   ________

   o ____   ________

4.

   o ____   ________

   o ____   ________

   o ____   ________

- Visualiza esa etapa futura de una versión mejorada de ti. Date cuenta, ¡es posible!

CAPÍTULO 2

Apunta fuera de tu liga

"Todos los que han realizado grandes cosas han tenido gran puntería; han fijado la mirada en una meta elevada, una que a veces parecía imposible".

—Orison Swett Marden, empresario y autor estadounidense (1850-1924)

¿Por qué deberías?

Establecer tu objetivo al cual apuntar es un paso fundamental y crítico en todo el proceso, y sólo llega después de decidir qué es de lo que quieres más, y te ayuda a responder: "¿cuánto más?". Mucho se ha proclamado sobre el poder de soñar en grande y debo enfatizarlo. Existe una relación directa entre cuán elevadas son tus aspiraciones y cuán espectaculares son tus logros. Cuando tu objetivo es difícil y ambicioso, te sentirás motivado y comprometido con la posibilidad de alcanzar ese estado futuro, te verás impulsado a encontrar formas creativas de lograrlo, crecerás más a nivel profesional y personal, y aprovecharás todo tu potencial. Cuando tu objetivo es poco ambicioso, no se necesita energía adicional más allá del impulso normal para lograrlo: conduce a un logro fácil y sin gloria.

Cuando logras una meta elevada, no sólo logras más en tu vida, sino que aumentas tu confianza en ti mismo al recalibrar tu forma de pensar sobre lo que es posible. Por lo tanto, inicias un círculo virtuoso en el que tu autoconfianza recién fortalecida te prepara para un futuro con metas más ambiciosas.

Por supuesto, no siempre alcanzarás esa ambiciosa meta en tu primer intento. Aunque no logres tu objetivo, probablemente aterrizarás en un lugar ventajoso de todos modos, o aprenderás lecciones valiosas para considerar en el próximo intento: de cualquier manera, estarás mejor que si apuntas a lo cómodo y lo predecible.

Yo era gerente de un proyecto que buscaba mejorar el margen de rentabilidad, cuando Bill, el patrocinador ejecutivo, dijo: "Aumentemos el margen bruto de la categoría de dulces de América del Norte del 34% al 60% para acercarnos a las otras categorías de productos, a fin de justificar futuras inversiones". Para los lectores no financieros, esto es ingresos menos costos divididos por ingresos, una medida de rentabilidad para esa línea de productos. Pensé que estaba bromeando porque ese es un objetivo muy agresivo... casi duplicar la rentabilidad. "Quizás el 45% sea una meta más razonable", pensé.

Después de un diagnóstico detallado y meses de cambios significativos en las líneas de fabricación, el portafolio de productos, los materiales de empaque, la asignación de gastos comerciales y otros, ¡logramos el aumento al 60%! Me sentí empoderado al lograr una meta ambiciosa, y reforzó la creencia de que la única manera de lograr resultados espectaculares es apuntando alto. Si hubiéramos apuntado al 45%, probablemente hubiéramos logrado el 45%, o tal vez no, porque no habría sido el tipo de proyecto que energiza a todas las funciones a ser lo más creativo posible, pero seguramente no habríamos logrado el 60%.

No hay nada innovador en este concepto. Es básico, pero muchos caemos en la trampa de no apuntar alto. ¿Por qué nos limitamos? Quizás porque:

- Queremos evitar el amargo sabor del fracaso.
- Escuchamos voces a nuestro alrededor que nos recuerdan lo que es normal en nuestro contexto: esas voces suelen estar alimentadas por su profunda complacencia, ignorancia de las verdaderas posibilidades existentes, e incluso de celos y envidia.
- No sabemos exactamente a qué apuntar, en ausencia de orientación.
- No sentimos que tenemos lo necesario para lograr una meta más alta. Después de todo, se necesitará mucha energía, esfuerzo, dedicación y sacrificios para lograrlo.

Ir a Cornell

Mi primera experiencia estableciendo metas ambiciosas fue en la escuela secundaria, cuando pensaba a cuáles universidades aplicar. Decidí salir de mi país de origen por dos razones principales: no me impresionaba el rigor académico ni la calidad de las opciones locales, y tenía el ejemplo de mis tres hermanos que estudiaron en Estados Unidos. Visité a Marco e Ileana cuando eran estudiantes de la Universidad de Texas en Austin y visité a Luis mientras estudiaba en la Universidad Estatal de Luisiana (LSU) en Baton Rouge. Sus experiencias cambiaron inconscientemente mi percepción, y estudiar en el extranjero se convirtió en algo que consideraba normal y esperable.

Como siguiente paso, identifiqué mis alternativas. Estaba interesado en tecnología de alimentos (una mezcla fascinante de química, microbiología, ingeniería y muchos otros campos) porque amaba la ciencia y la industria de alimentos no iba a desaparecer pronto. Marco, mi hermano mayor, me ayudó en esa etapa de exploración. Luego investigué las mejores universidades que ofrecen esa especialización en los Estados Unidos. Apliqué a las tres mejores y a algunas otras escuelas que estaban más abajo en la clasificación. Una de las tres mejores era la Universidad de Cornell.

Ahora, debes entender que no fui el más brillante de mi clase. Yo era un estudiante B+/A−, con actividades extracurriculares no tan estelares. Pero sí tenía un nivel de dedicación, ambición, disciplina y empuje. Debe haber sido reflejado en mis múltiples ensayos que complementaron mi buen puntaje en el examen SAT y mis buenas notas… pero créeme; ¡nada espectacular! Mi puntaje en el SAT fue más bajo que el rango de la mitad de los solicitantes admitidos, de entre 1390 y 1540. Esos números deberían haberme intimidado y detenido, porque en teoría, yo no cumplía con las expectativas. Pero me alegro de no haberlo permitido. Hasta el día de hoy, prefiero que sea alguien más me diga "no" y me detenga, pues, ¿quién soy yo para decirme no a mí mismo? ¿Acaso soy un miembro del equipo de admisiones? Por supuesto que no, así que yo no haré su trabajo.

¡Finalmente recibí el tan ansiado sobre por correo! Que emoción que me aceptaran. Tenía 17 años cuando sucedió todo esto, y fue la primera vez que logré lo que otros consideraban muy improbable. Pero esta lección se me ha quedado grabada porque es poderosa. *Las puertas no se abrirán si no las tocas.* Si vas a invertir tiempo y energía tocando una puerta, elige una que no tengas una alta probabilidad de abrir: una puerta que, si se abre, te ayudará a transformar tu vida y llevar tu carrera a una nueva liga.

Ir a Kellogg

Mi segunda experiencia con este principio ocurrió años después, después de graduarme de Cornell y regresar a Honduras. Allí, alguien me ayudó a subir mi puntería cuando trabajé como gerente de aseguramiento de calidad en FG Mariscos, parte del Grupo Granjas Marinas.

Fui seleccionado para ayudar a diseñar y dar vida a una nueva planta en FG Mariscos que permitiría al Grupo Granjas Marinas entrar al mercado de camarones cocinados en Europa. Fue una fase energizante en la que perfeccioné mis habilidades técnicas, de gestión de equipos y de gestión de proyectos. Con mi compañero José, visitamos y evaluamos plantas de cocción de mariscos en Europa, ayudamos a seleccionar equipos, ayudamos a diseñar el diseño y el flujo, escribimos los manuales de operación, capacitamos al nuevo personal y ayudamos a dar vida a la nueva operación.

Poco después de completar la misión, me pregunté: "¿cómo puedo hacer para seguir creciendo en mi carrera? ¿cómo puedo alcanzar el próximo paso de crecimiento?" Me di cuenta de que quería acercarme más al proceso de toma de decisiones ejecutivas. Sólo ayudé a ejecutar la visión de alguien: no participé en las conversaciones estratégicas que concluyeron que se necesitaba una nueva planta o entrar en ese mercado. En ese momento, me di cuenta de que necesitaba adquirir habilidades comerciales si alguna vez quería ingresar al lado comercial de la industria de alimentos. Eso me hizo pensar en ir a una escuela de negocios.

Me decidí y apliqué a INCAE en Costa Rica. Visité allí a mi hermano Marco cuando él estaba obteniendo su MBA. Siempre ha sido una escuela de negocios de gran reputación, en ocasiones, la mejor de América Latina según el Financial Times. Profesores de Harvard ayudaron a fundarla en la década de 1960.

¡Postulé y me aceptaron! Hablé con el director financiero de mi empresa, Gerardo, para solicitar asistencia financiera. Su respuesta fue: "Lo presenté al equipo ejecutivo y nos gustaría apoyarte, pero te motivamos a que apliques a las mejores escuelas de negocios en los Estados Unidos".

¿Por qué no pensé en eso antes? Yo ya sabía cómo funciona eso de apuntar alto.

Seguramente lo descarté porque no podía pagarlo. Necesitaba un recordatorio y Gerardo, un MBA de Wharton, me volvió a abrir los ojos. Su voz era la opuesta a las voces que nos rodean, y que normalmente minimizan nuestros objetivos cuando los compartimos.

Tendría que esperar hasta el siguiente ciclo de aplicación, así que le pedí a INCAE que pospusiera mi aceptación por un año en caso de que el nuevo plan no funcionara. Comencé el proceso de investigación de forma sencilla: ¿cuáles son las 15 mejores escuelas de negocios de EE.UU., y a cuáles quiero aplicar dados sus factores diferenciadores y fortalezas? Escribí los ensayos y envié mis aplicaciones. Tenía referencias sólidas basadas en mi trayectoria. Apliqué a lo que en ese momento eran las escuelas de negocios número #1 y #2 del país. Todo lo que necesitaba era que una puerta se abriera... sólo una.

La #1, Wharton, me envió el sobre delgado, cuyo contenido básicamente decía "no, gracias". Luego, algunas de ellas me aceptaron, incluyendo la #2, Kellogg School of Management de la Universidad Northwestern. Literalmente hice volteretas en la sala de estar después de recibir la llamada de felicitación de Kellogg. Acepté en el acto y rechacé las solicitudes de entrevistas de las otras escuelas. Una vez más, no tenía calificaciones estelares de Cornell, o puntajes espectaculares del examen GMAT (ambos estaban bien, pero no eran extraordinarios). No trabajaba para una empresa reconocida mundialmente, y no había escalado Kilimanjaro o hecho algo sorprendente como muchos de mis futuros compañeros de clase. Una vez más, simplemente mostré mi determinación, mi profundo deseo de conseguir más y mi trayectoria profesional. Y otra vez, la puerta que parecía imposible de abrir, se abrió.

Del chocolate a La Firma

En 2010, trabajé para Cadbury como expatriado en São Paulo, Brasil. Les contaré en el capítulo 11 cómo llegué allí, porque hay otro principio en juego en esa historia. Cadbury era una querida empresa británica que fabricaba chocolate, chicles y dulces en todo el mundo, pero en Brasil carecía de chocolates. Codirigí un proyecto de máxima prioridad para la junta global de la empresa: la entrada al mercado brasileño del chocolate.

Cuando era niño, deseaba trabajar en una fábrica de chocolate al crecer, ¡para poder comer chocolates mientras pasaba frente a mí en la línea de producción! ¿Y tú?

Me mudé de Estados Unidos para liderar los aspectos operativos del proyecto, y mis colegas Vini y Sebastián lideraron la parte comercial del proyecto. Estaba pasando el mejor momento de mi vida, profundamente involucrado en la creación de un nuevo negocio en un ambiente cargado de espíritu emprendedor. Administré múltiples equipos funcionales, y visitamos Sudáfrica e India para comprender mejor cómo Cadbury distribuye el chocolate en los mercados de climas cálidos. Me divertí muchísimo.

Un año y medio después de mi llegada a Brasil, y nueve días antes de que comenzara nuestra producción, Kraft adquirió a Cadbury. Kraft era el líder absoluto del chocolate en el mercado brasileño, lo que provocó que todo nuestro proyecto se paralizara bruscamente. Después de un tiempo, me di cuenta de que mis beneficios de expatriado pronto desaparecerían. No quería regresar a Nueva Jersey, ya que estábamos disfrutando de la vida en Brasil y eso cortaría la experiencia en una economía emergente.

Recordé que ciertamente disfruté de mi experiencia anterior en consultoría gerencial. Lo interrumpí sólo por la atractiva oportunidad que me presentó Cadbury, mi último cliente. Entonces, me puse en contacto con los socios de Kearney en la oficina de São Paulo y en Estados Unidos, y decidieron apoyarme en mi regreso. Recibí una oferta muy atractiva y me gustó la idea de regresar. Sin embargo, durante el proceso de la entrevista, hablé con alguien que me hizo saber que varios de sus colegas se habían ido recientemente a McKinsey & Co. ("La Firma") y me sugirió que hablara con ellos antes de tomar una decisión. Pensé que siempre es mejor tener más información para alimentar el proceso de toma de decisiones, así que ¿por qué no?

Pero espera, ¡McKinsey, BCG y Bain son las firmas de consultoría estratégica más prestigiosas del mundo! Cualquiera en el mundo empresarial lo sabe. ¿Por qué McKinsey me contrataría? Se me podrían haber ocurrido muchas razones para disuadirme de intentarlo y simplemente atenerme a la oferta sobre la mesa. Pero, de nuevo, dejaré que otras personas me digan que no, no lo haré por ellos.

Pasé por el proceso de entrevista de McKinsey, quedé fascinado por lo que escuché y vi de las personas que conocí, incluidos algunos ex-Kearney, y les expliqué cómo agregaría valor a sus clientes. En este entonces, ya contaba con los requerimientos académicos sólidos que requiere La Firma, era trilingüe, tenía un buen conjunto de herramientas de consultoría que adquirí en Kearney, además de una sólida trayectoria en gestión de proyectos, resolución de problemas complejos y entrega de resultados para las empresas de alimentos locales y globales.

Mi celular sonó una tarde ¡Recibí una llamada invitándome a unirme! Terminé aceptando la oferta y me uní a otro viaje de transformación mental. Como gerente de proyectos en McKinsey, lideré proyectos en Brasil, Chile, Colombia, México y Estados Unidos en múltiples industrias, resolviendo diferentes tipos de desafíos comerciales y operacionales. Una vez más, se me abrió otra sorprendente e inesperada puerta, a pesar de haber muchos motivos para dudar si contaba con lo suficiente para incorporarme a la Firma. Y a Alex le pasó algo parecido.

Alex, el físico

Alex también nació y creció en mi ciudad natal y fue a la misma escuela primaria y secundaria que yo. Pensó que seguiría los pasos de su familia, y comenzó a estudiar farmacia en la universidad local. Sin embargo, durante su primer año sintió curiosidad por la física. Se cambió y se convirtió en el único estudiante en todo el país que estudiaba física. ¡Algunas clases no tenían libros disponibles en la biblioteca, y otras no tenían un profesor formal! La frustración debe haber sido insoportable.

"No sabía cómo sería una carrera en física, pero tenía curiosidad por saberlo", me explicó. Llegó a varias conclusiones: que tendría que salir de Honduras si quería seguir en esta carrera y que una licenciatura no sería suficiente. Tenía que encontrar una manera de ingresar a una escuela de posgrado en el extranjero. Al terminar sus estudios, postuló a varios programas de maestría en los Estados Unidos, pero fue rechazado por todas porque ninguna escuela reconocía ese programa de física o a los profesores que escribían sus recomendaciones. Él no se rindió. Aplicó a programas de posgrado en inglés en Alemania y fue aceptado en la Universidad de Stuttgart, con la opción de ingresar a un programa de doctorado si su expediente académico era sólido. Reunió sus ahorros de cinco mil dólares más un pequeño préstamo, y se fue.

El primer día de clase, el profesor aplicó una prueba de diagnóstico para evaluar el nivel de conocimiento actual de cada alumno. "Sólo escribí mi nombre. Todas las preguntas parecían del espacio exterior. No tenía idea de qué estaban hablando. Lloré y me pregunté: ¿qué he hecho?". Alex comenzaría con una desventaja considerable, y tendría que trabajar más duro que todos. Durante los siguientes dos años, pasó cada hora de su día concentrado en sus estudios, y finalmente consiguió un trabajo como asistente de investigación en un laboratorio muy respetado en el Instituto Max Planck.

Al finalizar su maestría, este grupo de investigación admitió a Alex como estudiante de doctorado y se trasladaron a Berlín para establecer una nueva colaboración entre el Instituto Max Planck y el Centro Helmholtz de Berlín (que opera un acelerador de partículas para producir radiación electromagnética). Alex me dijo: "Trabajar en una instalación de tal magnitud fue extraordinariamente inspirador. Algo inimaginable creciendo en Honduras".

Durante los cuatro años que Alex pasó como estudiante de doctorado, trabajó aún más duro y aprendió mucho sobre cómo se conciben, planifican y ejecutan los proyectos de investigación. Obtuvo un gran éxito en términos de publicaciones, publicando alrededor de 14 artículos en revistas de altísimo calibre. Se convirtió en una figura reconocida y recibió una invitación para realizar un posdoctorado en la Universidad de California, Berkeley. Recibió la Beca Postdoctoral Presidencial de la UC, la beca más prestigiosa otorgada por la oficina del presidente de la Universidad de California.

Al terminar ese período, tuvo que encontrar un puesto de profesor. Aquí es donde la puntería de Alex se tambaleó temporalmente: aplicó a muchos colegios comunitarios y universidades más pequeñas, pensando que era lo suficientemente bueno para ese nivel. Afortunadamente, su mentor, un exrector de la UC Berkeley, insistió en que elevara su mira y aplicara también a las mejores universidades de investigación. "Escribiré recomendaciones para ti, pero sólo si postulas a las mejores universidades" le dijo su mentor. Alex necesitaba un recordatorio.

Tuvo seis entrevistas con las mejores escuelas y consiguió seis ofertas de trabajo. Alex es ahora profesor titular en UC San Diego y subdirector de una colaboración de investigación financiada por el Departamento de Energía de EE. UU. Al hablar sobre el valor de apuntar alto en nuestro podcast, *The Road to Champagne*, dijo: "Cuando apuntas fuera de tu liga, obviamente el mejor de los casos es alcanzar lo que estás buscando. Pero incluso si fallas en eso, aprendes más de una meta muy ambiciosa, que si tus metas son menos ambiciosas". Sí, apuntar alto puede ser una propuesta en la que todos ganan: tú ganas si obtienes lo que deseas, o aprendes mucho en el proceso si no lo logras, lo que te brinda más sabiduría para tu próximo intento. Y tú próximo intento no tiene por qué ser uno de menor ambición. Alex agregó: "Si optas por un plan B, no tiene por qué ser de menor ambición o nivel. Puedes intentar otra cosa igual de ambiciosa, especialmente si entiendes qué salió mal y qué podrías hacer mejor".

El Dr. Alex Frañó, mi primo menor, mantuvo su impulso a pesar de las batallas cuesta arriba, apuntó alto, y hoy en día continúa creciendo en su campo.

Rodilleras y casco

Algunas personas están en el lado de *no* apuntar alto e irse por lo realista... pero ¿por qué convertir tu plan B en tu plan A? Algunos 'expertos' aconsejan a la gente que es mejor no ponerse ninguna meta, o fijarse metas más pequeñas y fáciles de alcanzar, para evitar el remordimiento y la frustración impulsados por la culpa. Cuando se trata de establecer objetivos, los términos 'pequeño' y 'realista' se utilizan frecuentemente como sinónimos[1]. Incluyo un resumen de este punto de vista para mostrarte que apuntar alto no es una creencia universalmente aceptada… pero yo no apostaría mi dinero en tal filosofía. Si algunos quieren resultados pequeños, que apunten bajo para estar seguros y tomárselo con calma.

¿Quieres evitar lastimarte al intentar dar ese salto? ¡Ponte rodilleras y un casco en vez de no saltar! Sí, el fracaso es parte del viaje, simplemente acepta que es un resultado posible, pero eso no debería impedirte apuntar alto. Woody Allen dijo una vez: "Si no fallas de vez en cuando, es una señal que estás jugándotela por lo seguro". Esos fracasos traerán lecciones valiosas que te servirán para el próximo intento. Apuntar bajo no es como te transformarás en la mejor versión de ti. Escúchame, y cree en el poder de apuntar alto.

---

[1] R. Zitelmann. 30 de diciembre de 2019. "Set More Ambitious Goals This New Year's Eve!" Forbes.com. (consultado en junio de 2020).

En resumen

Entonces, ¿tu puntería está baja por alguna razón? Esperemos que no, pero si es así, encuentra la fuente y neutraliza su impacto. No escuches las voces negativas que te rodean, que pueden provenir de compañeros de trabajo, jefes, amigos, familiares o peor aún… de tu propia cabeza. Si quieres "ser realista" está bien, pero como tu plan C. Lo realista no es sorprendente. No conozco a nadie que se haya fijado objetivos promedio y haya obtenido resultados impresionantes.

Por supuesto que debes cumplir con un mínimo nivel de calificación. No estoy abogando por simplemente probar tu suerte. No aplicaré para ser parte del equipo de diseño de Aston Martin con mi experiencia en tecnología de alimentos, a pesar de mi amor por los autos. Si no cumples con los requisitos mínimos, concéntrate en aumentarlos hasta que estés preparado para tocar la puerta. Eso es parte del viaje.

No esperes hasta marcar todas las casillas de requerimientos. Si lo haces, claramente no estás apuntando alto. Apuntar alto debe estar respaldado por trabajo duro, sudor, sacrificios y disciplina.

"La mayoría de las personas fracasan en la vida no porque apunten demasiado alto y fallen, sino porque apuntan demasiado bajo y aciertan".

—Les Brown, orador motivacional estadounidense

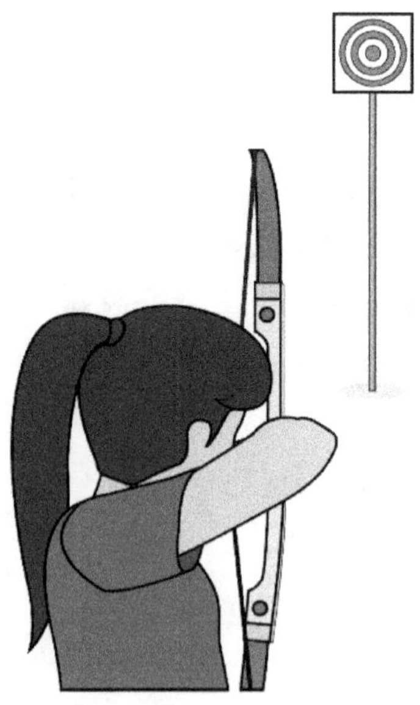

Puntos clave: Apunta fuera de tu liga

- Si vas a apuntar, apunta alto.

- No te dejes limitar por las voces de tu contexto.

- No dejes que el aura prestigiosa de algunas escuelas o empresas te intimiden.

- No te limites, no te digas que "no": deja que otros lo intenten.

- Ten un plan de respaldo que sea más realista, pero síguelo solo después de agotar todas las posibilidades de lograr el plan A.

Autoevaluación

¿Qué afirmación te describe mejor? Encierra en un círculo la letra correspondiente.

a) Normalmente no apunto fuera de mi liga. No tengo esas marcas que cambian mi carrera en mi currículum porque no lo intenté.

b) De vez en cuando apunto alto, dependiendo de la situación. A veces tiene sentido, no siempre. Mi mentalidad no está calibrada para siempre apuntar alto.

c) Soy ambicioso en mi proceso de establecimiento de objetivos, apuntando fuera de mi liga. Apuntar alto me da energía y no me intimida. ¡Voy por lo grande!

Acciones a tomar

- Piensa en dónde te encuentras en tu carrera y en tu vida, y pregúntate si estás a punto de tomar una decisión que pondrá a prueba tu puntería.

  o Específicamente, regresa a las Acciones a tomar del capítulo 1 y revisa qué deseas obtener más. ¿Tu puntería necesita ajuste?

  o Si hay espacio para ajustar tu objetivo, revisa tu plan de acción para reflejar objetivos más grandes.

- ¡Ayuda a otros!

  o Cuando notes que tus amigos, familiares y colegas aspiran a resultados normales, motívalos a pensar en grande y tocar puertas más ambiciosas. Tráeles esa orientación que tanto necesitan.

- o ¿Hay alguien importante para ti estableciendo sus objetivos ahora?

    - ■ ____

    - ■ ____

    - ■ ____

    - ■ ____

    - ■ ____

- o Planifica qué decir, cómo y cuándo:

    - ■ ____

    - ■ ____

    - ■ ____

    - ■ ____

    - ■ ____

CAPÍTULO 3

Sé un "trabajo en proceso"

"No pienso mucho de un hombre que hoy no es más sabio que ayer".

—Abraham Lincoln

¿Por qué deberías?

"Trabajo en proceso" significa que algo está en transformación, es el estado de un producto que aún no está terminado. Todas las plantas de alimentos que he visitado tienen algún trabajo en proceso: imagina chocolate líquido en un gran tanque esperando su turno para ir a la línea de moldeo y convertirse en una barra de chocolate sólida. Una vez que las materias primas se procesan y transforman, se convierten en un producto terminado, listo para colocarse en un estante y venderse a consumidores hambrientos. Los productos alimenticios terminados tienen fecha de vencimiento.

Ser un trabajo en proceso significa aprender sin parar, tanto a nivel profesional como personal: aún no eres un producto terminado, todavía estás pasando por el proceso de transformación. Es una actitud provocada por tu forma de pensar, que no depende de tus presupuesto, edad o etapa de la vida.

Necesitas darte cuenta de que para querer más y apuntar alto, tendrás que adquirir nuevos conocimientos y aprender nuevas habilidades para maximizar las posibilidades de lograr ese siguiente paso deseado y de tener éxito en él.

Un artículo de McKinsey llama a las personas que están constantemente en modo de aprendizaje "aprendices intencionales", afirmando que "si bien los aprendices intencionales aceptan su necesidad de aprender, para ellos el aprendizaje no es un trabajo separado ni un esfuerzo adicional. Más bien, es una forma de comportamiento reflexiva y casi inconsciente. Cada uno de nosotros puede convertirse en un aprendiz intencional"[1]. Los investigadores continúan explicando que los ingredientes clave para una vida y carrera profesional exitosa son: una mentalidad de crecimiento y una mentalidad de curiosidad. La buena noticia, concluyen, es que estas mentalidades se pueden cultivar y desarrollar.

Gerald Michaelson, autor de *Sun Tzu Para el Éxito*, explica: "Todo en la Tierra o está verde y creciendo, o está maduro y pudriéndose. Mientras seas verde y estés dispuesto a aprender cosas nuevas, estarás creciendo. O mejoras o empeoras. Creces o decaes. Es cuando crees que tienes todas las respuestas que estás maduro y pudriéndote"[2]. Cuando estás aprendiendo constantemente, ya sea porque tienes una meta específica que alcanzar, o simplemente porque quieres tener más conocimientos en un tema, estás desatando fuerzas poderosas que trabajan a tu favor.

Puedo pensar en muchos beneficios principales de estar siempre en modo aprendizaje, incluyendo:

- Aumentar tu probabilidad de alcanzar tu objetivo.

- Mejorar la confianza en ti mismo para abordar temas desconocidos.

- Aumentar la probabilidad de que se abran puertas invisibles.

- Agudizar tu capacidad para afrontar el cambio.

- Descubrir nuevas pasiones, pasatiempos, habilidades, e incluso nuevas carreras.

- Asegurar que estás mejorando física, mental o espiritualmente, según el tema.

- Fomentar nuevas relaciones sociales o profesionales relacionadas a ese tema.

- Diferenciarte de tus compañeros menos inclinados al aprendizaje.

Por supuesto, en esta era de avances rápidos, mantenerte aprendiendo impedirá que te

[1] L. Christensen et al. Agosto del 2020. "The most fundamental skill: Intentional learning and the career advantage". *McKinsey Accelerate*. (consultado en septiembre del 2020).

[2] G. Michaelson. 2003. *Sun Tzu for Success*. Adams Media.

vuelvas obsoleto en tu profesión, o en otras palabras, caducado.

En lo personal, siempre estoy aprendiendo algo, porque si no, siento que no estoy aprovechando bien mi tiempo y que no estoy desarrollándome al máximo. Por ejemplo, actualmente estoy aprendiendo cómo mejorar mis opciones nutricionales a través de más alimentos de origen vegetal, maximizar los ahorros en impuestos sobre propiedades en alquiler, realizar y editar un podcast y mejorar mi técnica en la mesa de billar. Eso, además de los múltiples temas relacionados con el trabajo que siempre llegan. Aprender es mucho más fácil que antes, ya que el aprendizaje está a sólo unos clics de distancia.

Ya sea que busques un libro, mires videos o pagues una clase, asegúrate de aprender intencionalmente. Siempre debes pensar en ti mismo como algo inacabado, todavía en transformación, todavía aprendiendo. Siempre ampliando tu conocimiento general y profundizando en conocimientos específicos. Si eres joven, probablemente tengas mucho que aprender para adquirir experiencia y poder agregar valor en tu campo. Si eres mayor, también debes estar en modo de aprendizaje para evitar ser reemplazado por una versión de ti más energizada, más capaz, y más barata.

Te volverás obsoleto rápidamente si crees que eres un producto terminado, y te perderás de interesantes puertas que actualmente ignoras que existen. Permíteme compartirte cómo el aprendizaje intencional abrió puertas para Lindsey y para mí.

Besouro encuentra un nuevo hogar

Aproximadamente dos años y medio después de mi puesto en Cadbury en Nueva Jersey, completé múltiples misiones para ayudar a generar valor en el negocio. Además del proyecto de mejora de la rentabilidad para el negocio de dulces de América del Norte que mencioné en el capítulo anterior, también ayudé a redefinir la estrategia de la red de fabricación para las Américas, además de muchos otros proyectos similares, convirtiéndola en una fase verdaderamente atractiva y productiva de mi vida.

Sin embargo, sentí que todavía tenía una capacidad adicional que no estaba siendo aprovechada. Ya no me sentía desafiado, pues tenía mi trabajo bajo control. Me sentía aburrido, y en lugar de relajarme y disfrutar de la tranquilidad, decidí que necesitaba aprender algo nuevo para mantener mi cerebro ocupado. Decidí aprender un nuevo idioma y deporte.

¿Recuerdas que te dije que quería vivir en Miami? Pensé que aprendiendo portugués aumentaría mis posibilidades de trabajar en Miami con un alcance latinoamericano. Hablo español, pero como Brasil es la economía más grande de América Latina, el español no sería suficiente. Concluí que para ser un profesional exitoso trabajando con América Latina tendría que dominar tres idiomas. Esa elección también influyó en elección del deporte: la capoeira.

La capoeira es una actividad única, intensa y atractiva, que me ayudó a mantenerme activo y saludable. Britannica.com define la capoeira como un "arte marcial de Brasil, similar a una danza, interpretada con el acompañamiento de cantos de llamada y respuesta y música instrumental de percusión". También afirma: "Fue desarrollado por esclavos en el noreste de Brasil como una forma disfrazada de entrenarse para luchar".

No se trata de sólo aprender movimientos que te hagan más fuerte, más flexible y con mejor coordinación. Se trata de aprender la música y las letras en portugués y aprender a tocar todos los instrumentos relacionados. En suma, la capoeira es toda una experiencia de inmersión cultural. Todo capoerista (los que practican capoeira) recibe un apodo; a mí me llamaban Besouro. Espero que haya sido en referencia a Besouro Mangangá, el capoerista más famoso que nació en Bahía, Brasil en 1885 (y no porque yo fuera uno de los más viejos de mi clase).

Durante los siguientes doce meses, iría dos veces por semana después del trabajo a una ciudad vecina para recibir lecciones de capoeira, y todos los sábados por la mañana conducía una hora hasta la Universidad de Princeton para encontrarme con una tutora brasileña en una biblioteca. Finalmente encontré a mi instructora, Camila, quien vendría a nuestra casa ahorrándome el largo viaje. Sentí que crecí aprendiendo un tercer idioma y una nueva arte marcial. Sin embargo, inesperadamente, fue algo más profundo que eso. ¿Adivina qué pasó con esas dos aventuras de aprendizaje inspiradas en Brasil? Quedé extremadamente intrigado por el país: su cultura, su música, su gente y su economía. Sin darme cuenta, me sumergí en él, hasta el punto de concluir: "Quiero vivir en Brasil. Escucho mucho sobre las economías BRIC (Brasil, Rusia, India, China) que estaban pasando por su mejor momento, además que no me veo en Nueva Jersey. Creo que es hora de dirigirse al sur... ¡Muy al sur!"

El Día de Acción de Gracias de ese año, compré una Playstation y varios juegos entretenidos. Después de ese largo fin de semana, en el que jugué videojuegos sin parar, me di cuenta de que podría haber usado ese tiempo de manera más sensata, y haberlo dedicado a algo más productivo y que aportara a mi crecimiento. El lunes, con mucho gusto, lo devolví. Créeme, no fue una decisión fácil, pero fue la mejor decisión, ya que me distraía de realizar actividades de mayor valor, como aprender portugués. ¿Alguna vez te ha pasado? ¿Tienes distracciones similares que deberías controlar mejor o simplemente descartar?

Unos meses más tarde, me mudé a São Paulo y seguí trabajando para Cadbury. Viví en Brasil durante cinco años y medio. Y con eso, mi punto es el siguiente: el aprendizaje te enseñará y abrirá puertas que ni siquiera imaginabas que estuvieran allí. Cuando no estás aprendiendo nada, estás manteniendo cerradas las puertas invisibles que te rodean.

El mundo de los vinos

'Introducción a Vinos' fue una de las clases más memorables que tomé en Cornell. Fue mi primera exposición al tema. Por supuesto que lo disfruté, y no solo porque probábamos seis vinos diferentes en cada clase. La clase exploró seriamente las diferentes regiones vitivinícolas y sus variedades, el *terroir*, regulaciones, estilos de producción y características que definían esos vinos. Recientemente encontré en casa de mis padres mis notas de cata de una clase de noviembre de 1993 sobre los vinos de Burdeos con Kevin Zraly y Robin O'Connor. Kevin fue el autor del libro que usamos en la clase, *Windows on The World*. Ese día probamos un Pauillac de 1947; según mis polvosas notas de cata, no me gustó. Seguramente ese fue mi primer contacto con el buen vino añejo.

Desde entonces, sigo amando la exploración de vinos. Mis viajes enológicos me han llevado a viñedos en diferentes partes del mundo, generalmente de vacaciones con mi esposa. Para mi primer viaje fuera de la región Finger Lakes, cerca de mi universidad, viajamos al Valle de Napa. Desde entonces, me ha encantado visitar bodegas en lugares como Sudáfrica, Argentina, Grecia, Chile, Italia, Francia, Portugal, Israel e incluso cosechando uvas ¡en una bodega en Nueva Jersey!

Imagíname sentado con un enólogo en su pequeño viñedo, rodeado de viñas, contemplando el mar Adriático frente a la costa de Split, en Croacia. Hablamos durante horas sobre la vida en Croacia, la guerra de independencia en la década de 1990, los vinos que estábamos probando, la cultura local, el equipo de fútbol croata y su pasión por la elaboración de sus vinos. En Alsacia, Francia, probé unos 15 vinos con la propietaria de la decimotercera generación de una bodega mundialmente conocida, sumergiéndome en su proceso e historia. Como buen aficionado, sabes que el vino es una bebida viva y en continua evolución. Es un reflejo de la cultura, el patrimonio, la naturaleza, la ciencia, el arte y la innovación. Para mí estar en una bodega en cualquier parte del mundo es una experiencia de aprendizaje multidimensional. Siempre estoy visualizando cómo será la próxima aventura enológica, hasta que se materialice en un plan de vacaciones concreto.

Para alimentar mi pasión por el conocimiento del vino, decidí inscribirme en el programa Court of Master Sommeliers (Corte de Maestros Sumilleres) Nivel 1. Es una clase introductoria, el primer y más sencillo paso para cualquier profesional del vino que ya esté en el negocio. Pero yo no sabía nada de eso, todavía no tenía ninguna relación comercial relacionada al vino. Esto me supuso una ligera desventaja con respecto a mis compañeros de clase, pero esto solo alimentó mi deseo de estudiar más. Durante un período de tres meses, estudié las 968 páginas de *The Wine Bible* más otras como *Wine Folly*, después del trabajo y durante los fines de semana. La clase fue divertida, aprendí a describir adecuadamente las características de un vino y cómo mejorar el discernimiento de un vino en una cata a ciegas. La persona que estaba a mi lado venía de Nueva York, donde trabajaba en un restaurante. Mencionó que su empleador pagaría el viaje y la clase si pasaba, pero que ella pagaría si no pasaba. Luego llegaron los resultados de la prueba: me sentí mal por ella porque fracasó, pero me emocioné porque yo pasé.

En ese momento, trabajaba en Restaurant Brands International (RBI) en Miami, liderando el equipo de cadena de suministro y compras para América Latina y el Caribe, pero comencé el diálogo con el exjefe de un excolega sobre la posibilidad de dejar RBI y unirme a su equipo de estrategia. Las preguntas: "¿cómo puedo seguir creciendo en mi carrera? ¿cómo puedo alcanzar el próximo paso de crecimiento?" nuevamente aparecieron en mi cabeza. Hubo varios factores que me llevaron a creer que RBI no era el lugar ideal para mí en el largo plazo, incluyendo la posibilidad de tener que mudarme a Suiza. Pero no después de una espera de casi una década para llegar a Miami, lo que me permitía estar cerca de mis padres.

Southern Glazer's Wine & Spirits (SGWS), por otro lado, me pareció un lugar donde también tendría impacto, disfrutaría de mi trabajo y donde me visualizaba prosperando a largo plazo. Sin embargo, nunca había trabajado en la industria del vino y licores. Para ser un candidato convincente, creí que tenía que mostrar en el proceso de entrevista algo más concreto que mis diversas historias de viajes enológicos por el mundo. Estudié durante tres meses y me tomé dos días de vacaciones para asistir a esa clase de 525 dólares.

Al finalizar, envié una *selfie* con mi copa de champaña después del examen y mi nuevo diploma CMS Nivel 1 a Stephen, el gerente de contratación con el que me había entrevistado, diciéndole "¡Salud!". Esto siguió a una *selfie* con un famoso crítico de vinos en un evento de vinos. Meses más tarde, después de que dejé RBI para unirme a SGWS como director sénior de estrategia y desarrollo comercial, Stephen me dijo: "Cuando enviaste esas fotos, supe que encajabas perfectamente en nuestro equipo y nuestra empresa... Demostró tu auténtica pasión por lo que hacemos, y fue realmente un diferenciador en comparación con otros candidatos igualmente calificados". Llevo trabajando allí más de seis años, y me encanta tener acceso a más capacitación sobre vinos, catas en equipo, conferencias y conocer enólogos y personalidades del vino. Pero no te dejes engañar. Mi trabajo diario no es tan divertido como esos increíbles beneficios del trabajo.

Si no hubiera asumido voluntariamente el desafío de aprender más sobre un tema que comenzó como un interés personal, esta puerta en mi carrera tal vez nunca se hubiera abierto. Y aún si esa puerta no se hubiera abierto, de todas formas sería más conocedor sobre vinos, conocimiento que me llevó a tomar mejores decisiones sobre la compra de vinos, planes de viajes, me llevó a conversaciones más educadas con aficionados al vino, y a una mayor satisfacción personal como lo confirma la autora Karen MacNeil: "La capacidad de emocionarse con el vino está ineludiblemente ligada a comprenderlo en todos sus detalles más básicos. Sin conocimiento, se pierde la parte sentimental y satisfactoria de la experiencia"[3].

---

[3] K. MacNeil. 2015. *The Wine Bible*. Workman Publishing.

Posteriormente obtuve la certificación Nivel 2 de The Wine & Spirit Education Trust. Pero no te dejes engañar, estas certificaciones son insignificantes en comparación con los niveles más altos de estos programas. Siento un profundo respeto por cada Maestro Sumiller en todo el mundo. Es un logro admirable que requiere años de arduotrabajo, a veces incluso múltiples intentos. Escucharás sobre el viaje de alguien increíble en el capítulo 8.

> Curiosamente, cuanto más aprendes sobre vinos, más te das cuenta de lo poco que realmente sabes acerca de un cuerpo de conocimiento tan vasto.

A veces, aprender no es un mero capricho con el cual llenar tu tiempo libre, a veces es imprescindible. Si no aprendes, podrías pagarlo caro, como ejemplificaré en la siguiente historia.

Abofeteado por un oso

En la escuela secundaria obtenía calificaciones decentes aplicando un método sencillo: estudiaba el día antes de un examen sin sacrificar mi sueño reparador, luego me presentaba al examen y obtenía una calificación decente de B+ o A-. ¡Simple y efectivo!

Cuando llegué a Cornell y apliqué este método a mi primera ronda de exámenes parciales, los resultados fueron diferente. El gran Oso Rojo, la mascota de Cornell, me pateó el trasero. Pues, ¿dónde encontraría tiempo para estudiar el día anterior si tenía clases y sesiones de laboratorio durante todo el día, todos los días? ¡Introducción a las Ciencias Biológicas me otorgó la primera C- de mi vida! Ese primer semestre obtuve más C que A y B combinados. Algo no estaba bien: ¿qué había pasado con las A y B que solía obtener sin ningún esfuerzo? La cantidad de información nueva que me arrojaron en cada clase superó mi capacidad para digerirla. Rápido me di cuenta: lo que funcionó allá no funcionará acá. Tuve que adaptarme y asumir una nueva metodología para este entorno académico riguroso, de alta intensidad y presión. ¡Necesitaba aprender a aprender!

Al entrevistar a mis brillantes compañeros, y a través de prueba y error, finalmente encontré algo que funcionaba para mí. Fue una combinación de estos cambios:

- Tomar apuntes detallados en cada clase y revisarlos con frecuencia, no sólo antes de un examen.

- Empezar a estudiar para un examen cinco a siete noches antes, no una.

- Tener un compañero de estudio para cada clase para motivarnos mutuamente.

- Estudiar primero en la biblioteca hasta la medianoche, luego continuar desde mi habitación después de la medianoche (para evitar la tentación de acostarme temprano).

- Acortar drásticamente el tiempo para dormir.

Así fue como cambié mi enfoque de estudio. Y sí, el último dolió mucho. Dormí de 2:00 a 7:00 AM todos los días de la semana durante esos años. Me sentí tan agotado que cuando regresaba a casa cada diciembre dormía doce horas al día, todos los días, durante esas tres semanas. Mi encantadora madre llamaba a mi puerta para despertarme cuando el almuerzo estaba listo.

Entonces, ¿cómo me fue en mi primer semestre con el gran Oso Rojo abofeteándome? Pues no muy bien. Me molestó que mi promedio no reflejara mi historial o mis aspiraciones, pero pude avanzar rápidamente hasta mi último año y aumentar constantemente mi promedio por encima de mi objetivo de 3.7 de 4.0. Logré entrar a la Lista del Decano y me convertí en asistente de laboratorio. ¿Qué cambió? Rediseñé mi forma de estudiar y adopté nuevos comportamientos, los que a su vez me trajeron nuevos efectos:

- Aprendí a lidiar con la presión y a convertirla en motivación.

- Aprendí a priorizar mis esfuerzos.

- Aprendí a aprender de manera más efectiva.

- Aumenté significativamente mi autoconfianza al enfrentar desafíos difíciles y desconocidos

Esos cuatro efectos han moldeado quién soy hasta el día de hoy, y me han ayudado a superar muchas situaciones y fases intensas de mi carrera. Me prepararon para otros entornos intensos y rigurosos, incluyendo la escuela de negocios y firmas de consultoría gerencial de primer nivel. Como beneficio adicional, mi visión de la experiencia de Cornell evolucionó con mis calificaciones, desde el casi odiarle hasta amarle. Incluso ahora llevo una camiseta de Cornell mientras escribo esto, una con el oso gruñendo… el que me recibió con una gran bofetada. Ahora soy miembro de la junta directiva de la Asociación de Exalumnos de la Facultad de Agricultura y Ciencias (CALS) de Cornell.

"Cuando tienes un desafío y la respuesta es igual al desafío, eso se llama 'éxito'. Pero cuando que te enfrentas a un nuevo desafío, la antigua respuesta que alguna vez fue exitosa ya no funciona. Por eso se llama 'fracaso'".

—Stephen Covey, autor *bestseller* estadounidense (1932-2012)

Lindsey va de 0 a 100 kph

Al finalizar un evento de capacitación en RBI para la clase entrante de más o menos cincuenta analistas, me dirigí a la clase y les expliqué que necesitaba a un voluntario que dedicaría entre el 5% y el 10% de su tiempo para ayudarme a realizar análisis para un presupuesto global que yo administraba. Lindsey literalmente saltó de su silla y aprovechó la oportunidad en el acto; así fue como la conocí. Después que terminó su primera rotación de varios meses, se unió a mi equipo. Lindsey, como el resto, estaba recién graduada de la universidad, pero algo la hizo destacarse: realmente ejemplificó lo que es tener sed de aprendizaje.

Comenzamos a entrenar al nuevo grupo de Cinturones Verde (gerentes de proyectos que trabajan para lograr una certificación *Lean Six Sigma*) sobre cómo diseñar, planificar y ejecutar proyectos, y cómo presentarlos a los altos ejecutivos. Los proyectos abordaron cuestiones comerciales de varias funciones, y estaban destinados a brindar la oportunidad de demostrar un dominio de nivel intermedio de herramientas estadísticas. La mayoría de los Cinturones Verde tomaron una clase de estadística en la universidad o en la escuela de negocios, pero desafortunadamente, nunca la practicaron mucho y la olvidaron… como yo.

Confié que Lindsey conocería los detalles de cada proyecto y ayudaría a cada candidato a garantizar que su análisis estadístico se definiera, ejecutara, e interpretara adecuadamente. Pero Lindsey estudió Literatura Inglesa en Harvard, y solo recientemente había aprendido Excel en una capacitación. No encajaba en el perfil para esta misión.

En lugar de asustarse, Lindsey se dio cuenta que tenía un enorme vacío de conocimientos que llenar y creó un plan: en lugar de intentar convertirse en la gurú de las estadísticas generales, se centró en los tipos de análisis más comunes de los proyectos y consultó con expertos para confirmar si ella había entendido correctamente esos análisis. De manera sorprendentemente rápida, pasó de 0 a 100 kilómetros por hora, y pronto brindó el apoyo y orientación adecuada a todos los candidatos al Cinturón Verde. Estaba encantada de aprender nuevos temas. Yo no tenía ninguna garantía que ella cumpliría la misión, pero la dirigí, la empoderé y la dejé ir. Ella superó mis expectativas, y por tanto, aumenté su responsabilidad.

Lindsey también se convirtió en mi mano derecha en la enseñanza de Metodología de Resolución de Problemas. En lugar de pensar "solo aprenderé lo mínimo para arreglármelas y complacer a Alejandro, y luego pasaré a la siguiente rotación" debió haber pensado "¿cómo puedo aprender lo más posible sobre este tema?". Lindsey se dio cuenta de que esta habilidad específica la ayudaría como nueva profesional. Lo vio como el elemento que faltaba para construir una mente poderosa con pensamiento crítico, y esa comprensión la convirtió en una esponja de conocimiento. A pesar de no tener experiencia en consultoría, pronto se convirtió en una reconocida solucionadora de problemas.

Admiré la forma en que pasó de la ignorancia al dominio experto de un tema, siempre buscando ir más allá. Quizá pensarás: "bueno, ella es de Harvard, por supuesto que es así". Déjame decirte que eso es falso. Lo sé porque ella no es la única estudiante de Harvard con la que he trabajado. La actitud de Lindsey difería en que vio una oportunidad de aprender algo nuevo y la aprovechó, sin dejar de ser extremadamente humilde. Su actitud fue la de un verdadero "trabajo en proceso".

Desde una edad temprana, Lindsey se dio cuenta que no es suficiente con intentarlo, se requiere de conocimiento y esfuerzo. "Sin esa sed de aprender todo lo que te rodea, las oportunidades de crecimiento o desempeño excepcional son limitadas. Y una vez que hayas demostrado que estás ansioso y eres capaz de aprender rápidamente y asumir nuevos desafíos, habrá más oportunidades disponibles, lo que alimentará el ciclo de aprendizaje y experiencia. Los que no tienen sed de aprender se quedan atrás", me explicó.

Disfruté trabajar con ella porque tenía una actitud positiva y me veía como alguien de quien podía aprender. Rápidamente me di cuenta de que ser su mentor sería una buena inversión de mi tiempo. Sus capacidades crecieron y le permitieron conquistar cada desafío que tenía enfrente, lo que significó que confié en ella y le di más responsabilidad. Otras personas en su carrera también lo han notado. Sus habilidades estadísticas la ayudaron a conseguir su siguiente trabajo de mercadeo en Coca-Cola. Lindsey White continuó su búsqueda de aprendizaje al obtener su MBA y unirse a Bain and Company como consultora, y seguirá prosperando gracias a esta característica.

En resumen

¿Eres un "trabajo en proceso" o un producto terminado? ¿Qué estás aprendiendo ahora? Independientemente de dónde te encuentres en la vida, debes aspirar a aprender continuamente nuevos temas y a dominar nuevas habilidades. Esa es la clave para aumentar tu alcance y conseguir abrir nuevas puertas: puertas que ves y puertas que no ves. Alimenta constantemente tu curiosidad aprendiendo más sobre nuevos temas personales y profesionales... ¡Mantén esos engranajes girando dentro de tu cabeza! *Siempre* sé un "trabajo en proceso". ¿Tienes personas en tu equipo que tienen sed de aprender? Dales más responsabilidad e invierte en su crecimiento.

"Cuanto más aumenta nuestro conocimiento, más se revela nuestra ignorancia."

—John F. Kennedy

Puntos clave: Sé un "trabajo en proceso"

- ¡Nunca dejes de aprender! Si crees eres un producto terminado, pronto serás obsoleto.

- Nuevas habilidades abren nuevas puertas, incluso las que son invisibles para ti ahora.

- Si no estás aprendiendo habilidades nuevas, no estás invirtiendo en tu futuro.

- Ten una actitud positiva hacia el aprendizaje. Sé una esponja de conocimiento.

Autoevaluación

¿Qué afirmación te describe mejor? Encierra en un círculo la letra correspondiente.

a) No estoy aprendiendo nada nuevo en este momento. ¿Has visto mi agenda? No tengo tiempo.

b) Me gusta aprender cosas nuevas, pero la lista de cosas que estoy aprendiendo ahora es muy corta. Admito que podría estar aprendiendo más.

c) Siempre estoy aprendiendo múltiples temas, tanto a nivel profesional como personal. Me aburro cuando no estoy aprendiendo... lo anhelo.

Acciones a tomar

- Enumera las nuevas habilidades o temas que está aprendiendo ahora: ¿estás satisfecho con la lista?

  - ____

  - ____

  - ____

  - ____

  - ____

- Si no lo estás, piensa en dos o tres temas que siempre quisiste aprender o necesitas aprender pero nunca lo hiciste.

- o ____

- o ____

- o ____

- Priorízalos y escribe pasos concretos que puedes tomar para cada uno. Crea nuevos eventos en tu calendario digital para recibir recordatorios.

  Tema 1: _______________________________________   Fecha Limite:

  - o _______________________________________   _________

  - o _______________________________________   _________

  - o _______________________________________   _________

  Tema 2: _______________________________________

  - o _______________________________________   _________

  - o _______________________________________   _________

  - o _______________________________________   _________

  Tema 3: _______________________________________

  - o _______________________________________   _________

  - o _______________________________________   _________

  - o _______________________________________   _________

- Comprométete con el primer tema, ¡da los primeros pasos!

CAPÍTULO 4

Di "sí"

"Parece que cuanto más vivo, más me doy cuenta que decir "sí" casi nunca es un error. Si dices que no, puede que te sientas seguro, pero al final no irás a ninguna parte".

—Noah Emmerich, actor y director estadounidense

¿Por qué deberías?

La mayoría de las veces eres tú quién tocas puertas esperando que se abran. Pero a veces son las oportunidades las que tocan a tu puerta. ¿Qué haces entonces? Se deben evaluar todas las oportunidades, pero la lente que utilizamos para evaluarlas puede inclinarnos a rechazarlas o aceptarlas. Cuando estás dispuesto a aceptar, te preguntas: "¿cómo puedo decir 'sí' a esto? ¿hay algo crítico que me detenga?". Pero cuando estás inclinado a rechazar, la pregunta cambia a "¿cuántas razones se me ocurren para decir 'no'?", lo que te lleva a una larga lista de excusas.

Si la oportunidad tiene alguna relevancia (lo cual no siempre sabemos de antemano), el "sí" o "no" de tu respuesta puede tener impactos a corto y largo plazo en tu vida. "Sí" es una palabra breve pero poderosa; al igual que el aprendizaje, desata fuerzas positivas en nuestras vidas. Los beneficios de decir "sí" a una oportunidad o desafío sensato que se te presente son muchos:

- Amplías tu zona de confort porque ahora te sientes cómodo en más situaciones.
- Pierdes el miedo a la incertidumbre, porque estás lidiando con situaciones inciertas con mayor frecuencia.
- Aumentas tu autoconfianza, porque confirmas que puedes afrontar nuevos

desafíos.

- Creces como profesional y como persona gracias a la nueva experiencia que adquiriste.
- Construyes nuevas relaciones gracias a la exposición a gente nueva.
- Te abre puertas en el futuro, puertas que ni siquiera estás considerando ahora.

En otras palabras, decir "sí" te ayuda a desbloquear el crecimiento en tu vida. El crecimiento trae cambios positivos y te coloca en una posición más ventajosa. "Sí" te ayuda a conseguir más. ¿No es eso a lo que aspiras? Un "sí" comienza, cambia, desencadena, extiende, y puede ser emocionante e impredecible. Por otro lado, un "no" detiene, mantiene, previene, estanca; es cómodo y predecible.

Si decir "sí" es tan maravilloso, ¿por qué muchos de nosotros decimos "no" con demasiada frecuencia? Por muchas razones, entre ellas que un "sí" puede:

- Requerir más esfuerzo, y ya estamos ocupados.
- Cambiar nuestro *statu quo*, y estamos bien como estamos.
- Provocar sentimientos de miedo o intimidación cuando salimos de nuestra zona de confort.

Para maximizar las posibilidades de que se produzcan giros y vueltas emocionantes en tu carrera y en tu vida, di "sí" a los nuevos desafíos y experiencias cuando se te presenten. Tienes poco que perder y mucho que ganar.

Concurso de estudio de caso

Cuando acepté la oferta de unirme al programa MBA de la escuela de negocios de Kellogg, tuve que idear un plan para pagar un costo tan elevado. Aunque ganaba un salario generoso para el contexto hondureño, mis ahorros eran relativamente insignificantes en comparación con la cuenta que enfrentaría esos dos años. Les dije antes que mi equipo ejecutivo, liderados por Gerardo, se ofreció a apoyarme económicamente, con el entendimiento de que regresaría y continuaría trabajando para ellos. Sin embargo, la situación cambió después que el poderoso huracán Mitch impactara las operaciones de la empresa, generando pérdidas de ingresos. La beca completa cambió a ser un préstamo por aproximadamente el 45% del monto, a pagar en un plazo de dos años, sin obligación de regresar a la empresa. Fue una oferta generosa: una ideal, realmente, ya que abriría un mundo de oportunidades profesionales. Obtuve un préstamo familiar de alrededor del 20%. ¿Pero qué pasa con el otro tercio?

En aquel entonces, si te convertías en pasante de verano en una importante firma de consultoría gerencial y les encantaba tu desempeño, recibirías una oferta para regresar después de graduarte. Además, te pagaban la matrícula del segundo año y te daban un buen bono por aceptar la oferta. Sumando los ahorros del trabajo del verano, la matemática ahora si podía cuadrar. ¡Así que eso se convirtió en mi objetivo! No sólo por los aspectos financieros, sino porque percibí que la consultoría gerencial era un pos-MBA y el tipo de trabajo me atraía.

Durante mis primeras semanas en Kellogg, me sorprendió ver cientos de empresas y organizaciones reclutando activamente estudiantes para que se unieran a ellos como pasantes de verano o como empleados de tiempo completo después de graduarse. Fue un desfile cautivador y largo de empresas que nos seducían, a pesar de que sólo llevábamos allí unas pocas semanas. También me sorprendió la cantidad de actividades extracurriculares disponibles, así que me uní al Club de Consultoría.

Un día, nos enteramos que Kearney, la importante firma consultora global, organizaría una competencia de casos en la que varios equipos competirían presentando su recomendación para resolver una situación comercial hipotética en la industria automotriz. Mis compañeros de clase, Klaus, Heng y David, estaban interesados y me preguntaron si quería participar con ellos. Pero espera, el momento no es el ideal. Están sucediendo demasiadas cosas: quiero obtener buenas calificaciones para impresionar a mis futuros entrevistadores, todavía me estoy adaptando, esto consumirá mi precioso tiempo de estudio, no soy un consultor, etc. Mi mente se pudo llenar de excusas de ese estilo, pero exclamé "¡Sí, vamos!"

Estos compañeros de clase fueron consultores en Boston Consulting Group y Accenture antes de Kellogg. Yo me convertí en una esponja para aprender de ellos y exponerme al proceso de consultoría. Durante las siguientes semanas, entrevistamos a empleados simulados en la empresa hipotética, analizamos los datos que obtuvimos, interpretamos y alineamos los conocimientos, acordamos nuestra recomendación y la sintetizamos en una presentación escrita y oral. Siendo el novato del equipo, contribuí tanto como pude y aprendí más que nadie. Hacer esto en medio de un trimestre académico agitado significó que todos sacrificamos sueño y tiempo libre durante semanas. Ganamos la competencia en Kellogg contra otros equipos de talentosos compañeros, y más adelante pasamos a ganar el segundo lugar a nivel nacional frente a equipos ganadores de otras escuelas de negocios.

El resultado me permitió profundizar la amistad con mis compañeros de equipo, además de ganar un premio en efectivo y una genial foto enmarcada de los cuatro que aun disfruto ver. Además, Kearney nos sorprendió a todos con una oferta de trabajo como pasantes de verano ¡en el acto! Resulta que este evento fue un sofisticado proceso de entrevista que permitió a Kearney (y a las otras empresas que organizan eventos similares) detectar talento en las mejores escuelas de negocios. Acepté la oferta y completé con éxito mi pasantía de verano con dos divertidos proyectos que me llevaron a San Juan, Londres y Ámsterdam. Al final del verano, recibí la oferta de unirme a tiempo completo después de graduarme, y por lo tanto, vi materializar mi plan financiero tal como lo había imaginado.

Al decir "sí" a un desafío inesperado, habilité la apertura de la puerta que necesitaba. Si hubiera respondido "suena tentador, pero estoy demasiado ocupado tratando de obtener buenas calificaciones" es posible que no hubiera recibido la oferta de una firma de consultoría de alto calibre que deseaba. Aproximadamente un año después de graduarme, pagué el préstamo de mi exempleador y poco después pagué el préstamo familiar. Por cierto, mi preocupación por la posibilidad de sacrificar mis notas era exagerada, ya que logré 3.8 de 4.0 ese trimestre. Incluso si esto explica la brecha con respecto a 4.0, valió la pena.

21 kilómetros

Después de varios años en McKinsey en São Paulo, llegué a la conclusión que no quería continuar en consultoría gerencial por varias razones, y que ahora quería buscar oportunidades para regresar a los Estados Unidos. Solicité dos proyectos en los Estados Unidos. Utilicé Miami Beach como mi base de fin de semana, y desde allí viajaba a Los Ángeles y Chicago para lo que planeaba serían mis dos últimos proyectos mientras encontraba la oportunidad que me trajera permanentemente a Miami.

Durante un servicio de iglesia, un domingo por la mañana en Miami Beach, una señora que visitaba la iglesia por primera vez pasó al frente e hizo un anuncio: "Tengo un grupo de personas corriendo una media maratón para recaudar dinero para las aldeas de África que necesitan agua potable a ser instalada por World Vision… ¿a quién le gustaría unirse a mi equipo? Será dentro de tres meses". La respuesta que recibió fue un silencio absoluto. Se oía un alfiler caer. Continuaba el penoso silencio. Bueno gente, ¿de verdad van a ignorarla? ¡Me sentí mal por ella! Entonces levanté la mano.

No tenía idea en qué me metí. Yo trotaba de 3 a 5 km, eso es todo. Pronto aprendí a entrenar para una media maratón e hice mi propio plan utilizando muchas fuentes de información. Todo sucedió durante intensos proyectos de McKinsey, y se convirtió en un compromiso considerable de mi tiempo y energía. Durante el último mes de entrenamiento, Chicago enfrentó el Vórtice Polar de enero de 2014—que reforzó absolutamente mi necesidad de vivir en la tropical Miami— y entrené en la corredora del gimnasio del hotel porque no había manera de que saliera más de cinco segundos con temperaturas tan bajas como -39°C.

Como aumenté rápidamente mi distancia, finalmente me lesioné algunos ligamentos y fui a fisioterapia unas semanas antes de la carrera. Los primeros 16 kilómetros estuvieron bien, pero durante los últimos 5 tuve que caminar lentamente. De todas formas, ¡cumplí la misión! Me tomó 2 horas y 20 minutos y mis colaboradores me ayudaron a recaudar varios miles de dólares para esta noble causa.

Decir ese simple "sí" ayudó a transformar mi vida: encontré mi última pasión deportiva y desde ese evento he completado 22 carreras, incluyendo 14 medias maratones. Por supuesto, me desafié a mejorar mi tiempo y gracias a más fortalecimiento e investigación, he bajado a 1 hora y 37 minutos o 4:37 minutos/kilometro en promedio, lo cual no está nada mal para mi edad. Me encanta correr porque me relaja y me mantiene físicamente saludable.

Si no hubiera respondido que sí a un desafío inesperado y fácil de ignorar, es posible que no tuviera la buena condición física que disfruto ahora. Después de levantar la mano ese día, me siento más cómodo alzando la mano ante desafíos o propuestas inesperadas.

Reikiavik, aquí vengo

Viajar es una de mis verdaderas pasiones. Me encanta viajar a nuevos lugares y descubrir más sobre la cultura, la comida, las costumbres, y la gente local. Tengo una lista de 75 países que quiero visitar. Ya he estado en 62 países y más de 350 ciudades. El último país que visité antes de que la pandemia paralizara al mundo fue Malta, después de la boda de mi sobrina Paola en Alemania. Malta es una pequeña isla en el Mediterráneo con una rica historia y una mezcla de culturas del norte de África, italiana, británica y otras. Mis amigos y colegas son muy conscientes de esta pasión mía.

Antes de establecerme en algún lugar para jubilarme, planeo pasar dos años recorriendo el mundo; vivir cuatro meses en un país diferente, y así experimentar la vida en seis países nuevos. ¡Lo disfrutaré!

Un día de enero me encontré con mi amigo y colega Taylor alrededor de las cuatro de la tarde en la oficina en Miami. Después de charlar durante uno o dos minutos, me extendió una invitación: "Oye, acabo de reservar un viaje de cuatro días a Islandia en mayo... ¡deberías venir!" Inmediatamente llamó mi atención, ya que no había estado en Islandia. Respondí: "¿estás seguro? Consideraré aceptar tu oferta, envíame tu itinerario". Le envié un mensaje de texto a mi esposa: "¿está bien si voy a Islandia con Taylor en mayo?". Ella respondió "claro". A las siete de la noche de ese mismo día, reservé el mismo vuelo que Taylor.

Alquilamos un apartamento de dos habitaciones y un automóvil para recorrer más de 1200km por las partes sur y oeste de la isla. La espectacular belleza natural es diferente del resto del mundo. Siempre quise ver un glaciar, y estuvimos en la cima de uno en el Parque Nacional Snæfellsjökull. Condujimos seis horas en cada sentido para visitar la laguna de tímpanos de hielo de Jökulsárlón, donde grandes trozos de glaciares se desprenden y lentamente los nuevos tímpanos flotan a través de la laguna hasta llegar al mar abierto, donde terminan en la playa como pequeños trozos de hielo. Disfrutamos de las decenas de impresionantes cascadas esparcidas por todas partes, múltiples campos de lava, volcanes, playas y géiseres. Incluso vi mi primera cascada reversa: fuertes vientos empujan el agua hacia arriba en lugar de dejarla caer.

En Reikiavik, disfrutamos de la cerveza artesanal local y de correr a la una de la madrugada por la ciudad bajo el cielo aún iluminado. Islandia me recordó un poco a la

Isla de Pascua, aunque son totalmente diferentes y opuestas en el mapa, tienen puntos en común: ambas son islas remotas con volcanes, una rica historia, una naturaleza hermosa y alejadas de los destinos turísticos más trillados.

En enero, no tenía idea de qué haría en mayo. Se me podrían haber ocurrido al menos diez razones para rechazar tan improvisada invitación en el acto, pero estoy feliz de no haberlo hecho. Mi mente buscó la forma más eficaz de decir sí a una oportunidad alineada con mis intereses. No, de este viaje no surgió nada que haya cambiado mi vida diametralmente, pero lo comparto porque el principio también se aplica a nuestra vida personal. Pero espera, hay veces un las que un "sí" sí que puede cambiar el curso de una carrera: si no me crees, pregúntale a Héctor.

Héctor dice "sí" dos veces

Héctor y yo crecimos a un par de casas de distancia. Fuimos a la misma escuela, éramos grandes fanáticos de La Guerra de Las Galaxias y nuestras familias eran amigas cercanas. La carrera de Héctor comenzó como él esperaba, con una licenciatura de Texas A&M en Ingeniería Agrícola que lo llevó a desempeñar funciones corporativas en su campo. Después de unos años, se mudó a McAllen, Texas, para estar más cerca de sus padres. Identificó la oportunidad de lanzar un nuevo negocio: un proveedor de servicios de Internet que eventualmente creció hasta tener más de 11.000 suscriptores locales. Como su nueva vida empresarial iba bien, y como había notado el auge inmobiliario a su alrededor, también compró un negocio de franquicia de productos para ventanas. Todo salió bien para este feliz empresario, que luego vendió el negocio de internet a una empresa nacional.

Un día, fue al Centro Mundial de Aves para presentar una cotización de productos de ventanas; durante el día, el centro organizó una exposición de un fondo de conservación de la vida silvestre, *The Valley Life Fund*. Como le impresionaron las bellas imágenes de la exposición, preguntó a su cliente. El cliente explicó que el concurso de fotografía de vida silvestre se realizaba cada dos años en el sur de Texas. A Héctor le encantaba la fotografía, rasgo que heredó de su padre, pero su vida agitada lo mantuvo alejado de ella. Ese evento lo inspiró a convertirlo en su nuevo pasatiempo de fin de semana, ¡así que eso hizo!

Pasaron casi dos años y algunos amigos le dijeron: "¡Hey, deberías participar en el próximo concurso de fotografía de vida silvestre!". En respuesta, él sólo reía y decía: "De ninguna manera, no tengo tiempo para eso… olvídense". Después de todo, participar implicaba mucho más que enviar una imagen interesante: los participantes tenían que crear y enviar un portafolio completo durante un período de tres meses, fotografiando más de 45 categorías diferentes de vida silvestre. Después de la continua insistencia de sus amigos, finalmente respondió: "Está bien, sí lo haré". Puso a trabajar su cámara de calidad media, sacrificó mucho tiempo personal en este nuevo desafío y finalmente presentó su portafolio.

Poco después, recibió una llamada informándole que había ganado nada más ni nada menos que ¡el primer lugar! Ni siquiera fue al concurso para el anuncio ya que estaba ocupado trabajando y nunca imaginó tal resultado.

Su pasión siguió creciendo. Al año siguiente, acordó con un amigo dueño de un rancho comenzar a recibir fotógrafos en el sur de Texas y ayudarlos a tomar sus propias fotografías de la vida silvestre local. Seguía trabajando en el negocio de las ventanas, pero poco a poco su esposa Liz se hizo cargo, lo que lo liberó bastante. Su pasatiempo se convirtió gradualmente en su prioridad; comenzó a acumular elogios de concursos y revistas, haciendo que su nombre fuera reconocido. Realizó varios viajes por los Estados Unidos para fotografiar diferentes animales salvajes, y los fotógrafos locales finalmente le preguntaron: "Oye, ¿podemos ir contigo la próxima vez?". Héctor lo pensó. Finalmente respondió "sí" y se llevó a su primer grupo pequeño a Nuevo México. Tenía que encargarse de la logística y la planificación de eventos. Todo funcionó bien, tanto logística como económicamente.

Avancemos un poco en el tiempo: Liz se hizo cargo por completo del negocio de ventanas, lo que le permitió a Héctor dedicarse a tiempo completo a la fotografía y finalmente vendieron el negocio. Héctor ganó cinco primeros lugares más, y dos segundos lugares en esa competencia del Sur de Texas, además de muchas otras importantes[1], incluyendo competencias globales como los Premios Internacionales Nature's Best Windland Smith Rice (categoría de vida silvestre). Sus sesiones en el rancho ahora se venden con 18 meses de anticipación y atiende a cientos de personas

---

[1] www.hectorastorga.com

cada año. Sus talleres de fotografía de varios días ahora se extienden más allá de Kenia, Costa Rica, Chile, Finlandia, Uganda y Estados Unidos. Realiza un promedio de diecisiete viajes de este tipo al año. Su leal clientela global mejoró sus habilidades fotográficas viajando con él.

Le pregunté cómo compara su vida en el exitoso negocio de ventanas con su vida actual en la fotografía, y respondió: "¡Es día y noche! Pensé que amaba el negocio de las ventanas, ¡pero no puedo creer que ahora tenga mayores ingresos haciendo lo que realmente amo! Sí, requiere mucho esfuerzo, pero me siento bendecido, no lo siento como un trabajo". Por cierto, puedes ver el trabajo de Héctor Astorga en www.hectorastorga.com. ¿Crees que se alegra de haber dicho "sí" cuando se le presentaron esas dos oportunidades? Esos "sí" no sólo cambiaron dramáticamente su vida, sino que la llevaron a un nuevo nivel de felicidad.

Descargo de responsabilidad

Me refiero a cómo responder a las oportunidades que no van en contra de tus prioridades, metas o valores. Como estratega, predico que la estrategia es saber qué harás y qué no harás, qué está dentro de tu alcance y qué no. Una empresa con una estrategia clara sabe en qué tipo de negocios emprender, a qué clientes o consumidores dirigirse, y en qué productos o servicios invertir. Lo contrario también es cierto: sabe dónde no centrar ningún esfuerzo. Yo también me mantengo centrado en las prioridades que importan. Puedo filtrar lo que es una distracción de bajo valor de una oportunidad valiosa. Esa capacidad de priorización se ha agudizado con el tiempo. No estoy abogando porque demos "sí" ciegos, sino por aceptar oportunidades que tengan un beneficio percibido. Di "sí" a preguntas como:

- Escuché que estás interesado en aprender más sobre finanzas, ¿te gustaría ser parte de este nuevo proyecto de finanzas?

- M gustaría presentarte a mis amigos que, cómo tú, también están interesados en practicar francés. ¿Qué dices?

- Necesitamos a alguien con tus habilidades en Londres, ¿te gustaría ir por seis meses?

- El próximo fin de semana voy a ofrecer unas horas de voluntariado para una buena causa, ¿te gustaría venir?

Digamos "no" a las distracciones inútiles. Obviamente, digamos "no" a cualquier propuesta poco ética, extremadamente peligrosa, o ilegal que puedas recibir, o a movimientos en los que tengas una alta probabilidad de fracasar. Por ejemplo, personalmente no aceptaría un ascenso lucrativo en contabilidad porque no tengo pasión, interés o habilidades para durar mucho tiempo allí. Tú tampoco deberías decir que "sí" a oportunidades que no te llamen siquiera un poco la atención, que no despierten tu curiosidad o pasión. Finalmente, no se trata de estar siempre de acuerdo con el jefe, ese no es el punto. ¡Solo aclarando!

En resumen

Debes estar abierto a nuevas oportunidades para crecer, aprender y mejorar. Me encanta la comedia, y encuentro la película protagonizada por Jim Carey, *¡Si Señor!*, muy interesante. Además de ser divertida, me gusta porque se centra en este principio. El resultado de un "no" es más de lo mismo, y si estás tratando de mejorar tu carrera o tu vida, ¡practica dar un "sí" entusiasta con más frecuencia! Estoy sumamente feliz de haber dicho "sí" a nuevos desafíos y oportunidades. Todos deberíamos hacerlo más a menudo, tal como hizo Héctor.

"He disfrutado mucho más de la vida diciendo sí que diciendo no".

—Richard Branson, autor y billonario británico

Puntos clave: Di "sí"

- Decir "no" a las nuevas oportunidades o desafíos prolonga el *statu quo*.

- Decir "sí" a nuevas oportunidades o desafíos te abre las puertas a nuevas experiencias y aprendizajes.

- Inclínate a aceptar cuando evalúes las oportunidades y desafíos que se te presenten, siempre y cuando sean beneficiosas para tu desarrollo y crecimiento.

Autoevaluación

¿Qué afirmación te describe mejor? Encierra en un círculo la letra correspondiente.

a) Suelo decir que "no" a la mayoría de las invitaciones. No tengo tiempo para nuevos eventos, actividades, proyectos, etc.

b) A veces digo "sí" a las oportunidades. La última vez que sucedió fue... uf, hace un tiempo. Bueno, debería darles la bienvenida a más oportunidades.

c) Muy a menudo digo que sí a las invitaciones de otros. Sé que lleva tiempo, pero creo que vale la pena. Doy la bienvenida a las oportunidades y las acepto.

Acciones a tomar

- Sé consciente de tu respuesta la próxima vez que se te presente una oportunidad o un desafío. Evalúala con la predisposición de decir que "sí".

- Específicamente:

  o Haz una breve lista de las posibles consecuencias positivas de aceptar ese reto o invitación:

    ▪ _________________________________

    ▪ _________________________________

    ▪ _________________________________

    ▪ _________________________________

■ ___________________________________

o Escribe cualquier razón fundamental por la que debería decir que no (es decir, ilegal, inmoral o distracción de una prioridad clave):

   ■ ___________________________________

   ■ ___________________________________

o Identifica el posible esfuerzo adicional requerido:

   ■ ___________________________________

   ■ ___________________________________

   ■ ___________________________________

o Si no existen razones críticas, ¿las consecuencias son tan atractivas que vale la pena el esfuerzo extra? ___________. Si es así, ¡di que sí! Recuerda, las consecuencias positivas no se materializarán con un "no".

CAPÍTULO 5

Sé adaptable

"Cambia antes que tengas que hacerlo."

—Jack Welch, ejecutivo estadounidense (1925-2020)

¿Por qué deberías?

Si quieres más, apuntas alto, aprendes continuamente y dices "sí" a las oportunidades y desafíos que se te presentan, ya estás dando la bienvenida a los cambios positivos que vendrán y te llevarán a un lugar mejor. ¿Qué debes hacer cuando llegue tal cambio? ¡Debes abrazarlo! El cambio es el resultado de esos pasos, y nos ayuda a mejorar, evolucionar y entrar en una nueva fase. Esa nueva fase es el "más" que buscabas. Cuando te resistes al cambio, estás luchando por mantener el *statu quo*, que puede resultar un lugar cómodo, pero no te llevará a ningún lugar. A menudo, decir "sí" requiere que te adaptes. Cuando te vuelves adaptable, no sólo estás preparado para afrontar el cambio, sino que lo buscas y lo inicias. Tener un fuerte sentido de adaptabilidad trae muchos beneficios, entre ellos:

- Amplía tu conjunto de herramientas profesionales, porque estás expuesto a más curvas de aprendizaje y nuevas experiencias.
- Te posiciona como un líder más eficaz, porque puedes motivar a las personas que te rodean a adoptar una nueva manera de trabajar.
- Te diferencia como un candidato más atractivo para un determinado proyecto, porque la flexibilidad tiene más valor que la rigidez.
- Te expone a más posibilidades, al tener menos limitaciones al evaluar

alternativas.

- Te brinda una ventaja competitiva en comparación con compañeros menos flexibles, porque tendrán más dificultades para adaptarse al cambio.

- Aporta mayor confianza en ti mismo y tranquilidad, porque sabes que puedes manejar el cambio que se avecina.

Si los beneficios de ser altamente adaptable son claros y positivos, ¿qué nos impide aceptar el cambio? Propongo que hay tres razones principales que frenan a muchos:

- El cambio puede provocar miedo a lo que no entendemos bien.

- El cambio impacta la deliciosa comodidad de nuestro estado actual.

- El cambio requiere esfuerzo.

En primer lugar, cuando nos enteramos de que se avecina o ya llegó un cambio, no tenemos garantías de que será un cambio para mejor. Esto provoca miedo en muchos de nosotros: podemos perder terreno y estar en una posición peor. Imagina que te digan que tu jefe actual, Mario, quien te aprecia e incluso a veces sale contigo, fue despedido anoche y que la nueva jefa, Daniela, se unirá a la empresa el lunes. Para la mayoría de las personas, esta situación genera miedo, y provoca preguntas como:

- *¿Me calificará tan bien como lo hizo Mario?*

- *¿Qué pasa si no nos llevamos tan bien como con Mario?*

- *¿Me quitará los beneficios que disfruto actualmente?*

- *¿Cambiará mi responsabilidad, o peor… me reemplazará?*

- *¿Debo actualizar mi curriculum?*

Esas preguntas especulativas e hipotéticas pueden resultar estresantes. Muchos perciben los cambios como riesgosos y amenazantes. Una encuesta realizada por Leadership IQ demostró que al 62% de nosotros no nos gusta salir de nuestra zona de confort, y lo hacemos sólo ocasionalmente: "Es más probable que estas personas tengan historias y personalidades que sesguen su interpretación del cambio de manera más negativa" [1]. En otras palabras, sus mentes interpretan el cambio de manera diferente a las personas más adaptables, lo que resulta en una perspectiva negativa. El 38% de las personas más adaptables probablemente se preguntarían cosas diferentes, como por

---

[1] Sr. Murphy. 14 de agosto de 2016. "The Big Reason Why Some People Are Terrified of Change (While Others Love It)". *Forbes.com.* (consultado en junio del 2020).

ejemplo:

- *¿Qué ideas puedo proponerle a Daniela para que ella pueda lograr rápidamente un impacto positivo?*

- *¿Cómo puedo ayudarla a incorporarse y aumentar su comprensión del panorama para que el equipo sea más eficaz?*

- *¿Qué oportunidades podría traerme esto?*

Nuestro filtro de interpretación es producto de nuestras experiencias, prejuicios y personalidades, y afecta nuestra reacción inicial ante las noticias de cambio. En el escenario del cambio, el miedo y el entusiasmo son dos caras de una misma moneda.

Haz una pausa y piensa: ¿cómo reaccionarías ante la noticia sobre Mario y Daniela?

Cuando estamos acostumbrados a hacer las cosas de cierta manera, podemos hacerlas con poco esfuerzo. Si algo en nuestro entorno cambia, deberemos aprender cosas nuevas. A pesar de requerir mayor atención, al principio seremos torpes, ya que tendremos que seguir una secuencia de pasos no dominada, hasta recuperar la eficiencia perdida con el tiempo y la práctica. Esta pérdida temporal de eficiencia significa que se requiere de esfuerzo, lo que frustra a muchos. Caemos en la trampa de la comodidad de lo conocido.

Entonces, ¿cómo podemos superar estos obstáculos y aprender a aceptar el cambio? Identifica personas a tu alrededor que son más adaptables al cambio y aprende de ellas. Acércate y pregúntales al respecto. Haz un esfuerzo consciente para comprender su punto de vista. Desafíate a aplicar sus perspectivas en tu vida, y poco a poco, reemplaza el miedo por entusiasmo. Practica esto en múltiples escenarios de cambio que actualmente afectan tu vida. Notarás que, como cualquier otra habilidad, cuanto más lo practicas, más natural se vuelve. Pronto te sentirás más cómodo con la incertidumbre y menos estresado por el cambio. Detente cuando notes que estás usando lentes negativos. Los cambios ocurren, los busques o no: aprende a dominar el arte de la adaptabilidad.

Adaptabilidad cultural

Una forma de desarrollar tu adaptabilidad es estar expuesto a diferentes entornos. Si viviste en varios países o ciudades, o si trabajaste en diferentes industrias y empresas, seguramente agudizaste tus habilidades de adaptabilidad. Estas experiencias me obligaron a pensar y hacer las cosas de manera diferente, y a aprender a brillar en cada contexto sin importar en qué parte del espectro se ubican. Aunque a veces la cultura establecida difería de mis preferencias personales, me adapté para prosperar en la nueva cultura corporativa. Por supuesto, si no eres compatible, culturalmente hablando, será frustrante e insostenible.

La cultura corporativa es un factor clave que tú debes evaluar al considerar oportunidades laborales, pero propongo que no es necesario que coincida perfectamente con tu preferencia: una combinación perfecta no te ayudará a ser más adaptable, y no contribuirá a la diversidad de la organización. Sólo debe existir suficiente superposición para poder operar de manera efectiva.

Cuanto más flexible y adaptable seas, mejor podrás prosperar en las organizaciones. Permíteme compartir algunas de esas diferencias culturales que encontré en mi viaje a través de empresas familiares, de capital privado, capital público, y asociaciones de diferentes tamaños en el continente americano:

- En una empresa, todos entendían que tenían autoridad y eran responsables de un resultado específico, y por lo tanto, uno tenía autonomía y la responsabilidad de tomar sus propias decisiones. En otra, la jerarquía establecida significaba que uno tendría que obtener aprobación del jefe, quien a su vez tenía que obtener la aprobación de su jefe antes de que tú pudieras continuar.

- En una empresa, los resultados que se lograban eran lo que importaba al final del día. En otra, importaban los resultados, pero también cómo se obtenían. En otra, las relaciones y la red interna eran lo más importante. En otra, los resultados, tu reputación, y hacer de la empresa un lugar mejor, eran los criterios que importaban.

- En una empresa, usar tenis, jeans y camiseta era totalmente apropiado. En otra, usar traje y corbata más un pañuelo en el bolsillo era la norma al asistir a una reunión con ejecutivos o clientes externos.

- En una empresa, una jornada laboral normal duraba ocho horas. En otra, el promedio era de doce horas al día, y si salías antes te preguntaban "¿hoy se trabaja medio día?". En otra, doce horas era un buen día porque la media era mucho mayor.

- En una empresa, mi jefe me hizo pasar un mal rato porque gasté seis dólares en dos botellas de agua en un viaje de negocios. ¡No es broma¡ Me dijo que debería beber agua del grifo en el hotel. En otra, al final de un proyecto, cuatro de nosotros celebramos con una cena lujosa en un elegante steakhouse, alentados por nuestro jefe a derrochar y celebrar.

- En una empresa, el tamaño de tu bono era directamente proporcional al porcentaje de logro de los objetivos anuales personales y de la empresa que requerían evidencia de cumplimiento, calculado cuidadosamente. Otra utilizaba pura subjetividad.

- En una empresa, hombres y mujeres se daban los buenos días con un abrazo y un beso. En otra, RRHH prohibió los abrazos y besos al saludar.

- En una empresa, la eficiencia importaba e impactaba la toma de decisiones y cronogramas del proyecto. Los objetivos y metas del bono de cada persona estaban alineados en todas las funciones. En otra, la dinámica de la política interna parecía atrasar todo y no había incentivos para la colaboración interfuncional.

Yo no podía ser rígido, tenía que flexibilizarme según fuera necesario para ser eficaz y no dejar que los diferentes métodos y culturas me frustraran y frenaran. En tu profesión, tal vez trabajes con un tipo diferente de organización, pero el principio se mantiene. Sé flexible y aprende a adaptarte a los nuevos entornos. Extrañar lo bien que lo pasabas en los viejos tiempos no te ayudará a concentrarte y sobresalir hoy. Todos los cambios de cultura corporativa que experimenté fueron voluntarios, excepto una vez en el que la cultura cambió a mi alrededor: cuando Kraft compró a Cadbury. Me fui por otras razones, pero si me hubiera quedado, me habría adaptado y perseguido el éxito en el nuevo contexto. A veces las normas culturales cambian sin que lo esperemos. Tienes que estar preparado para adaptarte rápidamente cuando sea necesario.

He vivido en doce ciudades en cuatro países. Después de las primeras tres o cuatro mudanzas, me sentí extremadamente confiado en mi capacidad para adaptarme a una nueva ciudad y crear una nueva red social. Por supuesto, esto me ha permitido buscar oportunidades que requieran reubicación y que mejoren mi carrera. Hace muchos años, el destino no importaba mucho. ¿Clima frío? ¡Claro, vamos! Ahora controlo dónde vivo, pero si tuviera que mudarme para sacar más provecho de mi vida, sé que sería capaz de hacer esos ajustes.

Hace más de diez años, volé de Nueva Jersey a Brasil en un vuelo nocturno para comenzar mi etapa de expatriado: literalmente me desperté y aterricé en un nuevo país, comencé a usar mi tercer idioma recién aprendido para tomar un taxi y me fui a una nueva oficina para trabajar con nuevos colegas en un nuevo proyecto relacionado con un nuevo tema. Buscaba un cambio, ¡y seguro que lo conseguí!

El cambio también aumenta la confianza, ya que estás seguro de que puedes triunfar en nuevos contextos después de algunas experiencias. Recuerda, la confianza es un elemento clave en el círculo virtuoso que debes crear: querer más, apuntar fuera de tu liga, aprender siempre, decir "sí", ser adaptable, lograr el objetivo, aumentar la confianza… y repetir.

Guillermo se mueve de nuevo

Uno de los beneficios de trabajar para empresas líderes a nivel mundial es tener compañeros brillantes. Guillermo es uno de ellos, a quien conocí en Brasil y que corrió conmigo una media maratón en Miami. Creció en Colombia durante la etapa oscura del país cuando gobernaban los carteles; incluso perdió amigos a manos de la violencia, pero se mantuvo concentrado y completó su licenciatura en Ingeniería Química y sus maestrías en Logística y en Administración de Empresas. Guillermo es un gran ejemplo de adaptabilidad, no sólo porque trabajó en muchas organizaciones, incluyendo Johnson & Johnson, Cadbury, Pepsico, Mondelēz, Cargill y otras, sino porque ha demostrado tener la capacidad de dejar una vida extremadamente cómoda por una vida desconocida en busca de mayores logros.

Le estaba yendo bastante bien en Cadbury Colombia cuando surgió una oportunidad en Brasil. Lo pensó, lo analizó, pesó los riesgos y decidió intentarlo. Él y su esposa María Claudia vendieron su casa y su automóvil en Cali, y dejaron atrás a sus amigos y familiares para mudarse a São Paulo con su bebé de cuatro meses y empezar de cero. La mentalidad correcta les permitió irse, pero desafortunadamente, a veces esa barrera es lo suficientemente grande como para frenar a muchos. Allí nos conocimos, en la oficina de Cadbury en São Paulo. Guillermo trabajó en el área de compras del proyecto de chocolate que codirigí.

Varios años después, regresó a Colombia, donde él y su esposa se instalaron nuevamente, disfrutando de buenos trabajos. Nuevamente recibió la oportunidad de regresar a São Paulo, para desempeñar un atractivo rol ayudando a consolidar cinco empresas en una, liderando la función de compras. Aunque recién habían terminado de remodelar su nuevo hogar en Cali, se dieron cuenta que se les presentaba una oportunidad atractiva y se mudaron nuevamente a Brasil.

Sin embargo, Guillermo no sabía que éste sería su paso cultural más difícil: ir a una empresa familiar francesa con una cultura de capital privado. Describió la cultura como demasiado directa, inmensamente controladora, con toma de decisiones altamente centralizada, y donde no se permitía estar en desacuerdo con los altos ejecutivos.

No era exactamente a lo que estaba acostumbrado. De hecho, de los cuatro ejecutivos contratados para la fase de consolidación, él fue el único que quedó después de siete meses. Sobrevivió a los demás, a pesar de la cultura desafiante, debido a su resiliencia y voluntad de adaptarse para ganarse la confianza y cumplir la misión que había aceptado. Después de ganarse la confianza de los ejecutivos, consiguió el espacio que necesitaba. Su capacidad para adaptarse a entornos desafiantes le permitió tener éxito en su misión.

Si avanzamos en el tiempo encontraremos a Guillermo como alto ejecutivo en la organización de compras globales de Cargill en Estados Unidos, donde continúa creciendo y teniendo éxito. Cuando le pregunté sobre sus agudas habilidades de adaptación, me dijo: "la actitud es fundamental. Estoy inmensamente agradecido por los privilegios y oportunidades que he tenido, y cuando llega una oportunidad nueva, evalúo los riesgos y encuentro formas de mitigarlos para poder continuar. Me gusta la fórmula de Victor Kupper, que afirma que nuestro valor es la suma de nuestros conocimientos más habilidades multiplicada por nuestra actitud". La clave se encuentra aquí: la actitud puede magnificar o minimizar nuestra propuesta de valor. Guillermo Rebolledo continuó: "Además, pienso y siento la oportunidad, sabiendo que un nivel saludable de emoción y ansiedad es bueno, de lo contrario no es un salto lo suficientemente grande. Pero no debería haber lugar para el miedo". Él refuerza el mensaje del capítulo 1, de querer más, al mismo tiempo que se está agradecido por lo que se tiene.

Giros inesperados

Debemos ser especialmente flexibles con la forma en que se desarrolla nuestra carrera y nuestra vida. Planeamos ir del punto A al B, pero terminamos en el punto C, o vamos del A al C y después al B. ¿Te ha pasado? No estás solo, a mí me ocurrió varias veces:

- Cuando vivía en Nueva Jersey, quería mudarme a Miami Beach. Alboroté a mi red de contactos para intentar que esto sucediera. No funcionó. Finalmente me mudé a Miami Beach, ¡pero sólo después de una estancia de cinco años en Brasil!

- Cuando trabajé en Cadbury Sudamérica, imaginé que mi carrera continuaría en la empresa y me convertiría en gerente nacional en un pequeño país de Sudamérica, para quizá luego pasar a uno más grande. Incluso hablé de esto con el presidente de nuestra unidad de negocios. Sin embargo, después que la empresa fue comprada, esos planes salieron volando por la ventana. El negocio al que pertenecía se redujo de Sudamérica a Brasil. Algunos de los líderes que me apoyaron fueron reemplazados por completos extraños. El desarrollo profesional de Alejandro no era una prioridad en ese nuevo mundo. Una vez que me di cuenta de que estaba empezando desde cero y que no tenía ningún motivo o razón suficiente para quedarme, seguí el plan B. Fue entonces cuando regresé a la consultoría gerencial y me uní a McKinsey & Co. Mi trayectoria profesional dio un giro inesperado, pero esa vuelta la aproveché al máximo.

Sí o sí experimentarás giros profesionales. Si eres adaptable, no te resultarán muy bruscos. En vez de pensar: "¿ay no, por qué me pasó esto a mí? ¿podré recuperarme?" tus preguntas serán: "¿a dónde quiero ir ahora? ¿cómo puedo avanzar en esa dirección?"

Mi sobrina Mariela, que estudió en la Universidad de Indiana, me contó cómo su asesor de carrera le pidió que trazara una línea entre los puntos A y B, y cómo ella trazó una línea recta. Su asesor explicó: "la vida funciona de manera diferente la mayor parte del tiempo, con una línea sinuosa que te lleva a otros puntos antes de llegar al punto

B". Me pareció muy cierto. A veces lleva más tiempo llegar al punto B, o vas primero al punto C, o terminas en otro lugar.

> Está bien terminar en otro lugar; nuestro camino tiene giros inesperados y no podemos controlar lo que viene delante, de ahí la necesidad de ser flexibles. Sólo asegúrate que si no llegas al punto B, no sea por factores bajo tu control. Siempre ten un plan, prepárate, sé resiliente y creativo.

En resumen

En el aclamado libro *¿Quién Se Llevó Mi Queso?* el autor Spencer Johnson presenta una poderosa historia que profundiza en el mensaje de ser adaptable y encontrar nuevas fuentes de queso—es decir, eso que aprecias en la vida, como un trabajo, ingresos, satisfacción, relaciones, etc.— cuando la situación actual cambia[2]. Nuestro queso se moverá, tarde o temprano. No sólo deberíamos localizar rápidamente nuevas fuentes de queso, yo diría que deberíamos hacerlo de forma proactiva: muévelo tú mismo. ¿Por qué esperar hasta que alguien lo mueva según sus términos? Cuando quieres más, aunque estés en un buen lugar, sintiéndote bendecido, estás deseoso de un cambio y estás moviendo tu propio queso. Guillermo y yo hemos "movido nuestro queso" (o generado nuestro próximo movimiento profesional) al menos siete veces cada uno. Con esto no estoy diciendo que necesites cambiar de trabajo con tanta frecuencia, el cambio también puede ocurrir dentro de tu organización actual. El cambio es lo que transforma el buen estado actual en un gran estado futuro. Por tanto, da la bienvenida al cambio e integra la adaptabilidad y la flexibilidad en tu forma de pensar. La adaptabilidad es un elemento central de la mentalidad de crecimiento que necesitamos para continuar obteniendo más en la vida.

"Adaptar o morir, ahora como siempre, es el imperativo inexorable de la naturaleza".

—HG Wells, escritor inglés (1866-1946)

---

[2] S. Johnson. 2000. *Who Moved My Cheese?* Penguin Random House.

Puntos clave: Sé adaptable

- El cambio es inevitable cuando quieres más. A veces viene incluso cuando no quieres más. Sé hábil en afrontarlo.

- La adaptabilidad puede ser una ventaja competitiva en tu carrera y en tu vida.

- Es probable que las cosas no siempre sucedan como las planeaste, por eso, debes estar abierto a nuevos caminos.

- ¡No esperes el cambio, búscalo!

Autoevaluación

¿Qué afirmación te describe mejor? Encierra en un círculo la letra correspondiente.

a) Prefiero que el cambio me deje en paz, ahora me siento bastante cómodo con mi rutina. El cambio me estresa y me causa ansiedad.

b) Puedo afrontar el cambio cuando llega. No estoy seguro de querer que llegue, pero si sucede, estaré listo.

c) Busco el cambio una vez que empiezo a sentirme cómodo con mi rutina. El cambio me mantiene lleno de energía y lo aprecio. Oye, cambio, ¿dónde estás?

Acciones a tomar

- Piensa en lo adaptable que eres: enumera ejemplos recientes de cambios en tu vida y qué tan bien los afrontaste.

  - ____
  - ____
  - ____

- Si te identificas con el grupo que utiliza una lente de miedo al pensar en el cambio, haz una lista de personas a tu alrededor que usan una lente más positiva:

  - ____
  - ____
  - ____

- Habla con ellos, escucha sus perspectivas e incorpora sus puntos de vista. ¿Qué están haciendo diferente o como están pensando diferente?

  - ____
  - ____
  - ____
  - ____
  - ____

- Invita al cambio hablando con personas que pueden hacer que las cosas sucedan (tal vez tu jefe, mentores, reclutadores, líderes con los que deseas trabajar, etc.) y ofrécete a participar en un nuevo proyecto, esa asignación internacional, o cualquier cambio relevante que impactará positivamente tu carrera. ¿Con quién hablarás?

  - ____
  - ____
  - ____

Fin de la Parte I

Observa que al final del diagrama de la Parte I está **Alcanza la meta, genera confianza**. No dedicaré un capítulo a esto, porque lo veo como un resultado y no como un principio. Pero este resultado ayuda a alimentar el círculo virtuoso: cuando aplicas los elementos de la mentalidad de querer más, apuntar alto, aprender continuamente, decir "sí", y ser adaptable, comenzarás a acumular victorias. Las victorias fortalecen la confianza. Te dices a ti mismo: "Tengo esto bajo control. ¡Por supuesto que puedo hacer esto! Sé que tengo lo necesario porque ya escalé montañas similares antes", así como también: "¡Ahora quiero escalar una montaña aún más grande"!

La confianza en uno mismo te permite asumir más riesgos, hablar con más frecuencia y eficacia incluso si es para discrepar de la mayoría, aspirar a desafíos mayores, a promocionarte mejor, etc. Una alta confianza en uno mismo te permite pensar: "Haré esta acción audaz porque es lo correcto para la organización, aunque se les paren los pelos a algunos". La falta de confianza en ti mismo te lleva a pensar: "¡No puedo hacer esa acción audaz porque me regañarán!". Una alta confianza en ti mismo te hace más atractivo profesionalmente. Sólo recuerda ser humilde, no querrás que tu confianza en ti mismo cruce la línea y se convierta en arrogancia.

Las personas más repulsivas que he conocido cayeron en esa categoría por su arrogancia.

Hemos explorado cómo dominar estos principios para construir la mentalidad adecuada para tu viaje. Todos estos elementos alimentan un círculo virtuoso; el ímpetu está de tu lado. Ahora profundicemos en la segunda parte del viaje, la creación de tu marca profesional.

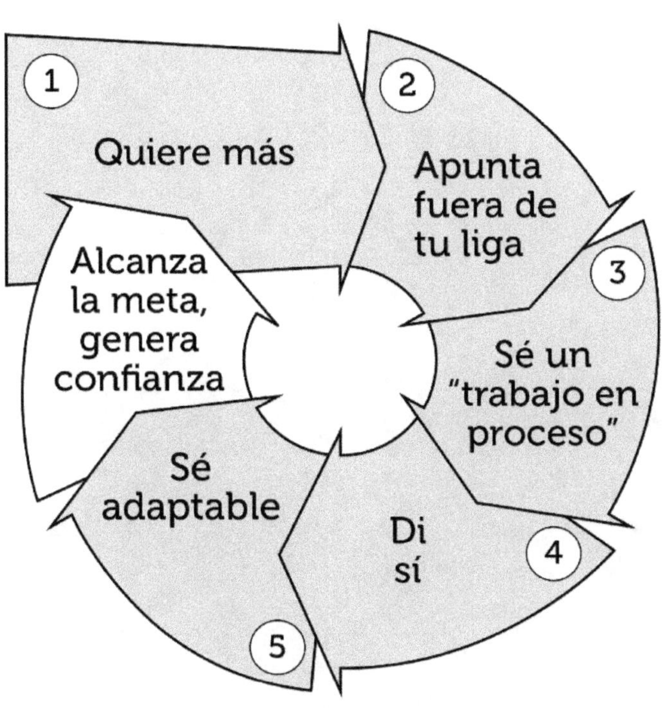

1
Quiere más
2
Apunta fuera de tu liga
3
Sé un "trabajo en proceso"
4
Di sí
5
Sé adaptable
Alcanza la meta, genera confianza

PARTE II

Construye tu marca

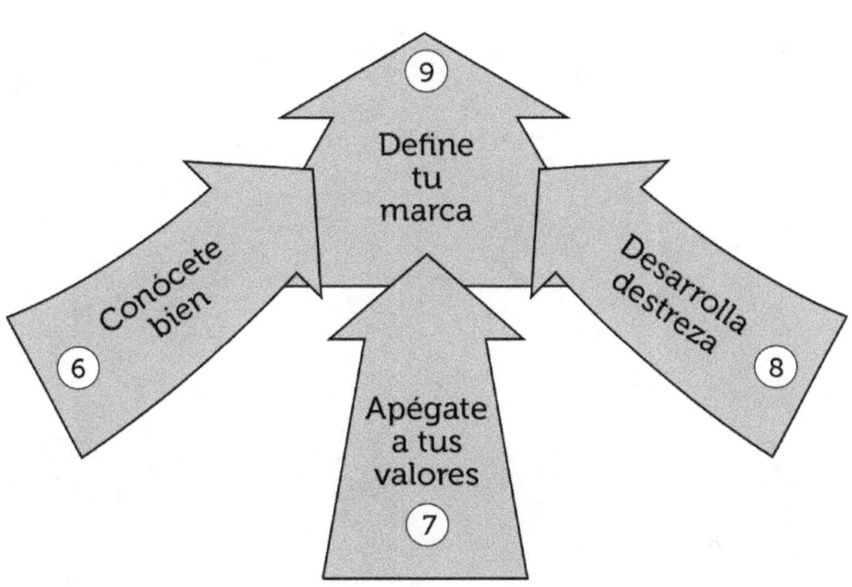

CAPÍTULO 6

Conócete bien

"La autoconciencia te brinda la capacidad de aprender tanto de tus errores como de tus éxitos. Te permite seguir creciendo".

—Lawrence Bossidy, empresario y autor

¿Por qué deberías?

No caigas en la tentación de hojear rápidamente este capítulo porque crees que tu autoconciencia es afilada como una navaja. Antes debo recordarte del concepto de la *superioridad ilusoria*, utilizado por los psicólogos para definir un fenómeno común que explica por qué la mayoría de los conductores piensan que sus habilidades de conducción están por encima del promedio, lo cual es matemáticamente imposible. Es una distorsión cognitiva que nos lleva a tener una visión demasiado positiva de nuestras fortalezas y a una minimización de nuestras debilidades. No es una gran combinación si quieres vivir en la realidad sobre la fantasía. Según una investigación de Harvard Business Review[1], el 95% de las personas creen que son conscientes de sí mismas, pero sólo entre el 10% y el 15% lo son. Entonces, presta atención.

Tener conciencia de uno mismo significa entender claramente cómo lo que sucede a tu alrededor desencadena tus sentimientos, emociones y reacciones. ¿Por qué debería importarte la autoconciencia? Porque es uno de los componentes clave de la inteligencia emocional (IE), que a su vez, es un factor clave si aspiras a ser un líder eficaz en tu

---

[1] T. Eurico. 19 de octubre de 2018. " Working with People Who Aren't Self-Aware". *Harvard Business Review.*

campo.

De acuerdo a otro artículo de Harvard Business Review, la autoconciencia interna es asociada con una mayor satisfacción laboral y relacional, control personal y social y felicidad; está inversamente relacionado con la ansiedad, el estrés y la depresión[2]. Es clave para tener el control sobre tu próximo paso, tu carrera e incluso las emociones negativas que pueden descarrilarte o enfermarte: ansiedad, estrés y depresión. Te ayuda a ser más eficaz en la gestión y liderazgo de un equipo. Sin autoconciencia, no sabrás:

- Tus anclas y puntos ciegos.
- Qué fortalezas deberías expandir y solidificar
- Si las percepciones de personas clave a cerca de ti justifican acciones correctivas o una mejor estrategia.

En otras palabras, no tener autoconciencia es como conducir tu automóvil sin brújula ni GPS. En el mejor de los casos, no es un viaje eficiente del punto X al punto Y, y en el peor de los casos, te pierdes. Los beneficios adicionales de tener una fuerte conciencia de uno mismo incluyen:

- Tener un mejor control de las emociones cuando alguien te presiona: puedes reaccionar estratégicamente.
- Si conoces tus debilidades y factores estresantes, podrás formar un equipo eficaz que te complemente. Además, sabes qué delegar.
- Dispones de mejor información para tomar decisiones profesionales.

Existen dos componentes principales de la autoconciencia:

1. Conciencia interna: qué tan bien te entiendes a ti mismo

2. Conciencia externa: qué tan bien comprendes cómo te perciben los demás.

Ambos son componentes críticos. La conciencia interna tiene múltiples subcomponentes, como se muestra en la Figura 6.1.

---

[2] T. Eurich. 04 de enero de 2018. "What Self-Awareness Really Is (and How to Cultivate It)". *Harvard Business Review.*

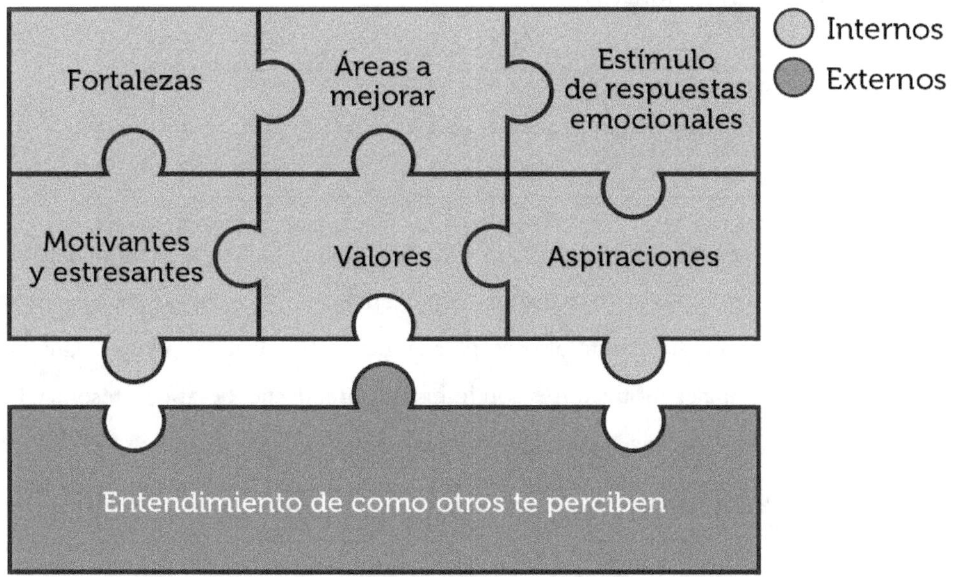

Figura 6.1 El rompecabezas de la autoconciencia

La autoconciencia es la capacidad de describir con confianza y precisión los elementos enumerados en la Figura 6.1.

A medida que he madurado, he obtenido muchos más conocimientos sobre mí mismo para poder responder claramente a esas preguntas. Pero no siempre fue así. Durante los primeros cuatro años de mi carrera, no hice evaluación alguna de conciencia interna para descubrirme a mí mismo. Sí, hasta cierto punto tenía una buena idea de cómo definir cada una de las piezas de mi rompecabezas, pero creo que las evaluaciones de autoconciencia me ayudaron a entender mejor cómo estoy programado. Aquí hay algunas evaluaciones que he realizado entre las escuelas de negocios y mi trabajo actual, y breves ideas clave de ellas:

- Strengthsfinder 2.0 (ahora CliftonStrengths): La premisa es que ganarás más aprovechando tus fortalezas que tratando de mejorar tus debilidades. Al conocer tus puntos fuertes, podrás buscar trabajos y oportunidades que requieran o permitan utilizar estos rasgos: esto te posicionará mejor para el éxito. Dos de mis cinco fortalezas son ser analítico y aprender. Esto encaja bien con la consultoría gerencial y la estrategia, mis funciones clave. Si compartiera más de mis fortalezas y preferencias, entenderías por qué buscar un puesto en contabilidad no sería una buena opción para mí, aunque lo sea para otros.

¿Tienes claras tus fortalezas? ¿Cuáles son?

- o __________________________________
- o __________________________________
- o __________________________________

- Lo Que Me Motiva (por The Culture Works): Identifica lo que te motiva, para que puedas buscar trabajos y oportunidades que te proporcionen constantemente dichos impulsores, para aumentar tu felicidad y éxito. Algunos de mis principales motivadores son impacto, aprendizaje, desafío, y resolución de problemas. No hay sorpresa, pues coinciden con mi elección de roles.

  ¿Tienes claro cuáles son tus motivadores? ¿Cuáles son?

  - o __________________________________
  - o __________________________________
  - o __________________________________

- DiSC® Evaluación de Personalidad: Te ayuda a comprender mejor tu estilo de trabajo y cómo relacionarte efectivamente con colegas con diferentes estilos. Utiliza cuatro estilos principales: Dominación, Influencia, Firmeza y Diligencia. Yo soy un Diligencia-Dominación moderado, lo que significa que prefiero la eficiencia, la autonomía, la lógica; tengo altas expectativas de mí mismo y de los demás, no muestro emociones fácilmente, no me importa el conflicto si es un obstáculo para hacer lo correcto, y puedo parecer demasiado directo. Esto es lo que dicen los resultados y debo estar de acuerdo. También dice que uno de mis factores estresantes es tratar con "personas que no cumplen con mis estándares". Es cierto que ha sido un área de vigilancia para mí, ya que puedo frustrarme e incluso perder la admiración por los colegas que no ofrecen resultados de alta calidad y no hacen un esfuerzo serio por mejorar. Con el tiempo, este conocimiento me ha ayudado a ser más paciente y a brindar más asesoramiento si la persona así lo desea. Más importante aún, DiSC te ayuda a comprender a los otros tipos que te rodean en el lugar de trabajo, para que puedas relacionarte y comunicarte de manera más efectiva con ellos en función de cómo están programados.

- MBTI® (Indicador de Tipo Myers-Briggs): Otra evaluación de personalidad que te ayuda a identificar qué tipo de trabajo satisface mejor tus preferencias evaluando cuatro dimensiones: Introvertido versus Extrovertido, Sensación versus Intuición, Pensamiento versus Sentimiento y Juicio versus Percepción. Imagina un continuo entre cada extremo: sabrás dónde aterrizas en cada continuo. Por ejemplo, soy un introvertido moderado y me acerco hacia el centro del espectro, pero un poco hacia el lado introvertido. Esto hace sentido, disfruto del tiempo a solas, pero también necesito interacciones sociales; aunque no demasiado, ya que puede agotar mi energía. Esto significa que necesito trabajar más duro que los extrovertidos para construir y mantener mi red, o que me canso en una fiesta interactuando con extraños durante horas.

  ¿Tienes claras las dimensiones de tu personalidad? ¿Cuáles son?

  o ____

  o ____

  o ____

  ¿Estás familiarizado con cómo trabajar con diferentes tipos de personalidades?

  ____

- Inteligencia Emocional 2.0: Define la IE como Competencia Personal (autoconciencia y autogestión) y Competencia Social (conciencia social y gestión de relaciones). Si deseas mejorar tu IE, primero debes ser consciente que tienes margen de mejora; aunque me estoy centrando en la autoconciencia, lo que necesitas es el paquete completo de IE: comprender y gestionar tus emociones y las de otras personas. Cuando pasas de ocho a doce horas al día con tus colegas, esta es una habilidad clave para tener relaciones sanas y un liderazgo eficaz.

  ¿Sabes lo inteligente que eres emocionalmente y qué puedes hacer para mejorar?

  ____

Todavía tengo margen para mejorar mi autoconciencia y mi IE; por supuesto, soy un trabajo en proceso. Estoy compartiendo un poco de quién soy, pero el mensaje es que tú también necesitas saber muy bien quién eres, y cuanto antes lo hagas, mejor. Este conocimiento te ayudará a tomar mejores decisiones profesionales y personales, como qué roles y entornos te posicionan mejor para tener éxito. Encontré valor en estas evaluaciones, y si no has completado ninguna, te invito a explorar las muchas opciones disponibles.

Un beneficio clave de tener una fuerte autoconciencia es que te ayuda a tomar mejores decisiones al momento de seleccionar oportunidades. Cuando comprendes claramente tus fortalezas, motivadores, preferencias, así como también tus debilidades y factores estresantes, podrás evaluar mejor tu probabilidad de tener éxito en diferentes oportunidades. Sabrás que el proyecto A requiere las habilidades en las que eres excelente, y que el proyecto B requiere realizar actividades que te aburren hasta la muerte, en las que no tienes ningún interés y pueden hacer que te caigas de bruces. No estoy recomendando que elijas el camino más fácil, ¡eso es muy aburrido! Lo que digo es que debes encontrar oportunidades que te permitan expandir y aprovechar tus fortalezas y que te expongan a nuevos desafíos que te harán desarrollar las habilidades necesarias que actualmente careces.

No elijas un camino donde el éxito esté determinado por dominar habilidades que te faltan y que no estás interesado en adquirir. Por ejemplo, reconozco que una carrera de ventas en Dunder Mifflin no es para mí: estaría agotado, porque interactuar continuamente con compradores desinteresados para convencerlos de que compren más papel del que necesitan mientras les pregunto sobre los juegos de beisbol de sus nietos no es donde sobresalgo. Preferiría estar en la casa matriz de Dunder Mifflin, en el equipo de estrategia corporativa, buscando formas de innovar a medida que el mundo se vuelve digital; evaluar posibles objetivos de adquisición y elaborar nuevas estrategias para que Scranton las implemente. Conócete a ti mismo, y así sabrás elegir adecuadamente.

Busca retroalimentación

El componente externo de la autoconciencia está relacionado con qué tan bien comprendes cómo te perciben los demás. La Dra. Jasmin Franz, coach de negocios certificada y profesora de la Universidad Internacional de Ciencias Aplicadas de Múnich, me dijo durante una entrevista en el podcast: "Cuando quieres crecer en tu carrera, debes ser consciente de tu personalidad y tu comportamiento. De hecho, siempre quieres ser consciente de cómo te perciben los demás". Debe importarte lo que los demás piensen de ti, especialmente aquellos cuyas opiniones influyen en tu crecimiento y futuro. En cuanto a tu lugar de trabajo, esto incluye a tu jefe, su jefe, otros líderes, compañeros y tu equipo.

¿Sabes lo que honestamente piensan de ti? ¿Creen que eres tan sólido y grandioso como tú crees que eres? Sólo hay una manera de averiguarlo... haz que compartan sus puntos de vista. Recibir retroalimentación formal una o dos veces al año siguiendo los procesos de Recursos Humanos no es suficiente. Necesitas retroalimentación más frecuente, incluso en el momento después de una situación específica. ¿De qué otra manera sabrás cómo ven los demás tu desempeño en una negociación con un cliente o en una presentación ante un ejecutivo? A menos que ya estés en una cultura de retroalimentación proactiva, tendrás que solicitar la opinión de otras personas. Después de una reunión importante, intento hacerle a un colega o incluso a mi jefe dos preguntas clave:

- ¿Qué crees que hice bien?
- ¿Qué crees pude haber hecho mejor?

La información que obtienes a partir de sus respuestas es útil, porque te señalará los cambios que debes considerar la próxima vez que te encuentres en esa situación. A menudo, las respuestas son tan simples como: "noté que no hiciste mucho contacto visual con María" o "las analogías que usaste fueron muy relevantes". A veces, pueden ser sustanciosas y constructivas: "Creo que tu respuesta a la pregunta de Adriana fue vaga, y perdiste la oportunidad de sorprenderlos con los hallazgos de nuestra investigación... no parecías estar bien preparado".

No hay forma de evitarlo: necesitas confiar en las percepciones que otras personas tienen de ti y tu desempeño para identificar cómo alcanzar tu objetivo de manera más efectiva. Por lo tanto, debes pedir retroalimentación de manera activa a quienes te rodean. De lo contrario, es probable que no te la ofrezcan debido a muchas razones, entre ellas:

- Dar retroalimentación no solicitada es riesgoso si el receptor no está abierto a recibirla, puede interpretarse como un ataque personal
- Se necesita tiempo e interés hacia la otra persona.
- Tú nunca les has dado retroalimentación.

- No están acostumbrados a ofrecerla.

Además de los comentarios espontáneos, otra herramienta valiosa son las encuestas 360° en las que varias personas con las que trabajas brindan comentarios y calificaciones anónimas en múltiples variables. También te calificas a ti mismo en función de esas variables, lo que permite comparar tus propios puntajes con los que te dan tus compañeros. Conseguir una pequeña diferencia significa en las opiniones de tus compañeros versus la tuya confirma que tienes una buena autoconciencia. Al contrario, grandes deltas apuntan a una diferencia significativa entre las percepciones de las demás personas y las tuyas. Debes identificar estos puntos ciegos para tomar las medidas correctivas adecuadas.

He hecho varios, y el último fue Leadership EQ 360®, como parte de un programa de liderazgo. Es reconfortante escuchar los comentarios positivos de tus compañeros, y tu actitud hacia los comentarios no tan positivos debe ser la de escuchar abierta y atentamente, filtrar y decidir cómo actuar. Por ejemplo, un área de mejora es que puedo ser demasiado directo con algunas personas. Lo sé porque me gusta la eficiencia, la transparencia y decir lo que pienso. No me gusta endulzar las cosas, irme por las ramas y ser demasiado políticamente correcto. Por ejemplo, si pensara que tu idea es débil, me gustaría decirte: "Bueno, creo que tu idea es débil por estas tres razones lógicas…" de una manera objetiva y respetuosa.

Sin embargo, dado que la gente me ha hecho observaciones al respecto, señalando que algunos colegas tal vez no se sintieron muy contentos después de un comentario tan directo como ese, intento tener un trato más considerado con las personas que están programadas de manera diferente. Dar respuestas del tipo: "Tu idea es interesante, pero ¿has pensado en estas otras implicaciones…?" requiere un poco más de esfuerzo de mi parte, pero conduce a un diálogo más rico y relaciones más saludables. Por esta y más razones, te insto a aprovechar las oportunidades que te brinda la retroalimentación 360°.

Cuando conduzco a casa después del trabajo escuchando hip-hop, entro en una calle con un límite de velocidad de 50 kph. Siento que voy a una buena velocidad, tal vez un poquito por encima del límite, pero luego veo que el velocímetro al costado de la carretera parpadea y muestra un mensaje en color rojo que dice "disminuya la velocidad". Miro mi velocímetro y me doy cuenta que voy a 65 kph. Tengo dos opciones: reducir la velocidad para evitar una multa, o ignorar la señal y correr el riesgo de recibirla o peor aún, provocar un accidente. Ahí está la belleza de la retroalimentación: estoy expuesto a más información y a una realidad diferente a la mía que me brinda la información que necesito para corregir mi comportamiento. La retroalimentación conduce a una decisión de tu parte, ya que puedes optar por ignorarla o actuar en base a ella y así corregir tu comportamiento.

He recibido comentarios contradictorios en el pasado, que honestamente no llevaron a ninguna acción de mi parte. Por ejemplo, si alguien te dice que hablas demasiado rápido al presentar, y otro dice que hablas muy lento, creo que es mejor concentrarte en otras áreas más urgentes de mejorar.

Una excolega a la que llamaremos Claudia tenía un jefe al que llamaremos Oscar. Claudia nunca le había dado retroalimentación a Oscar, porque Oscar no había abierto esa puerta. Pero un día, Oscar le dijo que le encantaba la retroalimentación y que Claudia debía sentirse libre de dárselo cuando quisiera. Claudia lo pensó y decidió agendar una reunión para hacerlo.

Claudia anteriormente ya había recibido retroalimentación de Oscar en varias ocasiones, pero esta sería la primera vez que ella la proporcionaría, así que se preparó de antemano. Mientras estaba sentada en la oficina de Oscar, Claudia mencionó tres cosas principales que pensaba que él hacía bien y por qué lo admiraba. Le explicó cuál es la marca profesional que ella creía que lo definía a él como trabajador. Luego le explicó cómo a veces sus acciones no respaldaban esa marca, y enumeró ejemplos concretos de cuando Oscar la avergonzó públicamente a ella y a otros compañeros de equipo, y cómo Oscar reaccionó de manera agresiva cuando ella compartió su opinión sobre un asunto comercial. Continuó explicando el impacto de esas acciones, incluyendo que se sintió irrespetada y menos inclinada a compartir una opinión en una reunión de equipo. ¿Hasta aquí todo bien, cierto? Comenzó con los aspectos positivos, explicó cómo su comportamiento específico la hacía sentir, y por qué Oscar debería ser consciente de esto, ya que podría traer consecuencias no deseadas que afecten el compromiso y la apertura del equipo.

Cuando llegó el turno de hablar de Oscar, las palabras que salieron de su boca fueron: ¡"Te diría que te largaras de mi oficina y te vayas al &#*@, pero soy mejor que eso!". Uf, vaya, vaya. Esperábamos un "gracias por comentármelo, no me había dado cuenta. Mi intención nunca ha sido faltarte el respeto, definitivamente no volveré a ocurrir, blablablá…". El hecho de pensar en echar a Claudia de la oficina y tener una reacción tan agresiva a la crítica que él mismo pidió, demuestra claramente una contradicción entre sus dichos y sus acciones. Claramente, luego de esta desagradable experiencia, Claudia nunca más volvió a perder el tiempo dándole retroalimentación a Oscar.

Si vas a solicitar retroalimentación, asegúrate de tener la madurez suficiente para recibirla. Las personas que te la dan están asumiendo riesgos para ayudarte a mejorar: sé agradecida. Es una frase trillada, pero la retroalimentación realmente es un regalo… no la rechaces. Tómala, agradece a quien te la da, procésala, y sólo después, decide cómo proceder.

Necesitamos de retroalimentación en todas las etapas de nuestra carrera; incluso el director ejecutivo de una megaempresa y el presidente de Estados Unidos la necesitan. Muchos caen en la trampa del exceso de confianza a medida que progresan en sus carreras. Cuanto más alto llegues, menos te importarán los comentarios de los demás, y tu ego te jugará una mala pasada. Te hará creer que eres un profesional exitoso que no necesita del consejo de nadie más. Pero recuerda que eres un "trabajo en proceso", por lo que debes buscar retroalimentación de manera proactiva, siempre.

En una escala del 1 al 10, ¿qué tan en sintonía crees que estás con cómo te perciben los demás? __________

"No se trata de ti. Se trata de lo que otras personas piensan de ti"

—Dr. Marshall Goldsmith, entrenador ejecutivo y autor *bestseller*

La personalidad es manejable

Incontables veces he escuchado gente decir: "no hay nada que pueda hacer al respecto, no puedo cambiarlo, ¡así es como soy!" ¿Tú también lo has escuchado alguna vez? ¿Tú mismo lo has dicho en alguna ocasión? Si alguien te dice que seas menos optimista al mantener un diálogo sobre potenciales escenarios empresariales, argumentaré que esa no es una buena retroalimentación. Tu punto de vista optimista debe ser considerado y equilibrado con otros puntos de vista menos optimistas de la reunión, enriqueciendo así el diálogo y exponiendo a otros a puntos de vista que no consideraron. Nadie debería pedirte que seas menos optimista en la vida.

Sin embargo, si alguien te dice que estás interrumpiendo a tus compañeros con demasiada frecuencia al imponer tu punto de vista elevando tu voz, yo diría que la excusa de "así es mi personalidad" es simplemente una inválida. Tu personalidad extrovertida y expresiva parece ser la razón por la que te encanta dominar la conversación. Sin embargo, la persona que proporciona la retroalimentación está trayendo puntos muy válidos a tu atención: no estás permitiendo que las opiniones de personas más reservadas surjan y enriquezcan la discusión, estás haciendo que una o varias personas en la sala se sientan irrespetadas y te estás construyendo una reputación de alguien que aplasta a otros para dominar la conversación. Así como yo elegí pensar dos veces antes de hacer una declaración que puede parecer demasiado directa, cualquiera puede pensar dos veces antes de intervenir en medio de la declaración de otra persona. Claro, eso requiere más esfuerzo que simplemente decir las cosas como te salgan y como te dé la gana, pero es un esfuerzo que conducirá a mejores resultados; vale la pena modificar tu comportamiento cuando sea apropiado.

La Dra. Jasmin Franz explicó en mi podcast que nuestra personalidad se compone de nuestro carácter, preferencias y comportamientos: Realmente no puedes cambiar tu carácter, pero sí puedes aprender a comportarte y a controlar tus emociones, especialmente en una situación de negocios. Un estudio publicado en Forbes demuestra que, si bien ciertos elementos de la personalidad permanecen estables con el tiempo, otros cambian de maneras notable[3]. Por lo tanto, la personalidad, a pesar de ser relativamente estable, es también cambiante. Recuerda, la inteligencia emocional se compone de múltiples aspectos que incluyen la autogestión: Ser capaz de gestionar y regular tu propio comportamiento.

Reciproca

Dado que la retroalimentación es un regalo, debes saber que además de buscarla, también debes darla si estás interesado en el crecimiento y el éxito de tu equipo, tus

---

[3] D. Disalvo. 20 de agosto de 2018. "Can Personality Change or Does It Stay the Same For Life? A New Study Suggests It's a Little of Both". *Forbes.com*. (Consultado en agosto del 2020).

compañeros y quienes te rodean. Cuando dirigía el departamento de cadena de suministro y compras para América Latina y el Caribe en RBI, contraté a dos nuevos gerentes para mi equipo. Procedían de diferentes industrias y tenían que aprender desde cero todo sobre el negocio de los restaurantes de servicio rápido franquiciados en docenas de países de América Latina y el Caribe. Pero, por supuesto, seleccioné a Ysabel y Brandon porque eran jóvenes profesionales brillantes, con sed de aprender y con alto potencial. Pasé los siguientes tres meses trabajando estrechamente con ellos, enseñándoles cómo desempeñar sus funciones con éxito. Los temas incluían cómo lidiar con personalidades difíciles al otro lado del teléfono, cómo funcionaba este y aquel proceso, cómo tomar determinadas decisiones, cómo escribir mejores presentaciones, etc. Cada dos viernes durante sus primeros tres meses, me reunía con cada uno por 30 minutos. Durante los primeros 20 minutos hablaríamos de:

- Lo que hicieron bien estas últimas dos semanas

- Lo que pudieron haber hecho mejor estas últimas dos semanas

Estas conversaciones me ayudaron a discutir qué comportamientos quería que continuaran y reforzaran y cuáles ajustaran y redireccionaran. Durante los últimos 10 minutos, les pedía que me dieran su opinión utilizando estas preguntas: ¿necesitas más entrenamiento? ¿o necesitas más espacio? ¿cómo calibramos nuestra dinámica?". Luego espacié las sesiones de retroalimentación porque noté que estaban bien asentados en los roles e incorporamos la dinámica de equipo deseada. Creamos un equipo de alto rendimiento con dinámicas saludables, colaborativas, abiertas, divertidas y efectivas, incluida la hora feliz los martes en uno de mis locales de tacos favoritos.

> "Escucha los consejos y acepta la disciplina,
>
> y al final serás contado entre los sabios".
>
> —Proverbios 19:20

Plan de mejora

Una vez que comprendas mejor las áreas en las que deseas o necesitas enfocarte para mejorar como profesional en tu campo, es importante convertir ese conocimiento en acción. La mejor manera de hacerlo es creando un Plan de Mejora que incluya tanto fortalezas para seguir afilando, como áreas subdesarrolladas o debilidades que neutralizar antes de que se conviertan en un obstáculo para tu crecimiento. Crea dos listas de aproximadamente cinco elementos cada una.

Fortalezas: Áreas a desarrollar:

________________________   ________________________

________________________   ________________________

________________________   ________________________

________________________   ________________________

________________________   ________________________

Ahora, prioriza esos elementos según su impacto en tu crecimiento, escribiendo al lado de cada uno una clasificación del 1 al 5. Para hacerlo, puedes preguntarte: "Si fortalezco esto, ¿me posicionará mejor para el crecimiento y los próximos pasos que visualizo? Si soluciono esto, ¿eliminaré un ancla que no me está permitiendo lograr mis próximos pasos?"

Después de priorizar, enfócate en los elementos principales de cada lista. Intentar abordar una larga lista de áreas de mejora a la vez no es la forma más eficaz de proceder. Solo una vez que hayas progresado en los elementos principales, puedes revisitar la lista y abordar el siguiente grupo para su mejora.

¿Porqué? Porque tu enfoque estará disperso, tu mejora será más lenta y existe un mayor riesgo de abandonar el plan por completo debido a la falta de resultados

¿Cómo será el plan de acción? Mantenlo simple, es solo un conjunto de actividades concretas que realizarás en el corto plazo para perfeccionar esa habilidad específica. Sé concreto y agrega fechas. Digamos que eres Evelyn y recibiste comentarios de Wendy, diciendo que estuviste demasiado callada en las reuniones con los clientes clave y que esto no promueve la marca de liderazgo intelectual que tienes como objetivo construir. Las posibles actividades de su plan de mejora incluyen:

- Identificar la próxima reunión clave a la que asistiré durante las próximas dos semanas y los temas que se discutirán.

- Investigar sobre uno o dos de esos temas, buscando las mejores prácticas, artículos de expertos, prácticas de la competencia, etc.

- Seleccionar algunos datos, ejemplos o ideas impactantes que quiero compartir en esa reunión.

- Cuando lleguemos al tema, ¡hablar! Expresar aprendizajes claves y relevantes de la investigación. Repetir una o dos veces cuando haga sentido compartir otra idea.

- Para asegurarme de tener una oportunidad de hablar, pedirle a Wendy antes de la reunión que pregunte ante todos: "Evelyn, ¿tienes algún comentario sobre esto?"

- Obtener comentarios de Wendy poco después de la reunión: ¿cómo me fue? ¿debo cambiar algo?

- Pensar en más reuniones próximas y en cómo puedo perfeccionar los pasos antes mencionados.

El plan de acción para perfeccionar tus fortalezas será similar. Basta con realizar actividades que te permitirán seguir aprendiendo sobre el tema, demostrando esa experiencia y aplicándola para mejorar los resultados de tu equipo.

Realicé mi primer plan de mejora exhaustivo hace más de quince años, cuando trabajé con Patrick, un coach de liderazgo, para lograr mi objetivo de ser un líder más eficaz y definir mejor mi trayectoria profesional. En él definimos futuros roles potenciales y las habilidades clave que necesitaría para llegar allí. Fue un ejercicio y una herramienta sumamente valiosa en ese momento de mi carrera.

Ahora, escribe acciones concretas para una o dos áreas principales, incluyendo fechas:

Fortaleza #1: _________________________________   Fecha:

Acciones: ____ ___________

____ ___________

Fortaleza #2: _________________________________

Acciones: ____ ___________

____ ___________

Área de desarrollo #1: ______________________

Acciones: _________________________________ _________

_________________________________ _________

Área de desarrollo #2: ______________________

Acciones: _________________________________ _________

_________________________________ _________

"Nuestras metas sólo pueden alcanzarse a través de un plan, en el que debemos creer fervientemente y sobre el cual debemos actuar vigorosamente. No hay otra ruta hacia el éxito".

—Pablo Picasso, artista y pintor español (1881-1973)

En resumen

Existen muchas fuentes de información sobre la autoconciencia y la inteligencia emocional que te motivo a explorar. Lee libros, consulta los recursos de internet o inscríbete en algún curso al respecto. Considera este capítulo como una descripción de alto nivel con el objetivo de enfatizar cuán crítico es esto para tu mentalidad y tu viaje de crecimiento. Toma medidas para conocerte bien y comprender cómo te perciben los demás, especialmente aquellos que pueden influir en tu crecimiento.

"Conoce al enemigo y conócete a ti mismo y podrás librar cien batallas sin peligro de derrota. Si ignoras tanto a tu enemigo como a ti mismo, seguramente serás derrotado en cada batalla".

—Sun Tzu, general y escritor chino (alrededor del 500 a. C.)

Puntos clave: Conócete bien

- La inteligencia emocional es crucial para convertirte en un líder eficaz. Se puede aumentar explorando, evaluando y trabajando en:
    - Competencia personal
        - Autoconciencia interna
        - Autoconciencia externa
        - Autogestión
    - Competencia social
        - Conciencia social
        - Gestión de relaciones
- Debes estar en sintonía con cómo te perciben los demás, especialmente aquellos que toman decisiones respecto a tu crecimiento. Esto se logra buscando retroalimentación de manera proactiva.
- Escucha atentamente, procesa y filtra los comentarios que recibas. Si es relevante y viable, crea un plan de mejora.
- Invierte en el crecimiento de los demás brindándoles retroalimentación.

Autoevaluación

¿Qué afirmación te describe mejor? Encierra en un círculo la letra correspondiente.

a) Puedo describir ciertos componentes internos de mi autoconciencia, pero no la mayoría. No entiendo claramente cómo me perciben los demás.

b) Puedo describir con precisión la mayoría de los componentes internos de mi autoconciencia. Mi comprensión de cómo me perciben los demás es algo que necesito mejorar.

c) Puedo describir con precisión todos los componentes internos de mi autoconciencia. Entiendo bien cómo me perciben los demás. La retroalimentación es mi amiga.

Acciones a tomar

- Si es necesario, explora cuales evaluaciones disponibles de autoconciencia y de inteligencia emocional te atraen, y considera completar algunas. Lístalos aquí:

  Tipo de evaluación: Opciones:

  ___________________   ___________________

  ___________________   ___________________

  ___________________   ___________________

  ___________________   ___________________

  ___________________   ___________________

- Después de explorar las opciones, marca con un círculo cuales evaluaciones completarás.

- Crea dos listas: una de personas a las que solicitarás retroalimentación, y otra a la que les ofrecerás retroalimentación (si están interesados). ¡Habla con ellos y ponte manos a la obra!

<table>
<tr><td>Solicitaré comentarios a:</td><td>Daré comentarios a:</td></tr>
<tr><td>_______________________</td><td>_______________________</td></tr>
<tr><td>_______________________</td><td>_______________________</td></tr>
<tr><td>_______________________</td><td>_______________________</td></tr>
<tr><td>_______________________</td><td>_______________________</td></tr>
<tr><td>_______________________</td><td>_______________________</td></tr>
</table>

- Si aún no lo has hecho, desarrolla un plan de mejora para refinar aún más tus fortalezas y abordar las áreas más débiles.

CAPÍTULO 7

Apégate a tus valores

"Los valores son como las huellas dactilares. Nadie las tiene
igual, y las dejas en todo lo que haces".
—Elvis Presley, cantante y actor estadounidense (1935-1977)

¿Por qué deberías?

En el capítulo anterior mencioné los valores como uno de los elementos clave de la autoconciencia, pero no entramos en detalle; merecen su propio capítulo y principio. Tus valores son un conjunto de creencias que sostienes como principios que te guían en la toma de decisiones. Ayudan a definir tu juicio y carácter, y te ayudan a navegar las decisiones de la vida. Tus valores y los míos han sido definidos por nuestro contexto, educación, experiencias e influencias. Cada individuo tiene un conjunto de valores. Un individuo puede o no ser capaz de expresar eficazmente cuáles son esos valores, y puede o no vivir de acuerdo con ellos.

Incluso organizaciones o empresas los tienen, incluyendo a tu empleador o los antiguos samuráis con su Código Bushido. Los valores corporativos ayudan a los miembros a comprender qué comportamientos son admirados y cuáles son rechazados, por lo tanto, calibran mentalidades, comportamientos y acciones.

Mis valores son diferentes a los tuyos. Todos tenemos un conjunto de valores distintos, porque hay muchas opciones a partir de las cuales se construye un conjunto de valores. La lista de opciones varía según la fuente. A continuación, una lista de los valores personales:

Alegria	Cortesia	Estructura
Altruismo	Creatividad	Exactitud
Ambición	Crecimiento	Excelencia
Amor	Cuidado	Excitación
Apoyo	Curiosidad	Éxito
Aptitud física	Decisividad	Exploración
Armonía	Democracia	Expresividad
Asertividad	Desafío	Fe
Astucia	Desinterés	Felicidad
Audacia	Determinación	Fiabilidad
Autocontrol	Devoción	Fidelidad
Autorrealización	Diferenciado	Fluidez
Autosuficiencia	Diligencia	Fortaleza
Aventura	Dinamismo	Franqueza
Ayudar a otros	Disciplina	Generosidad
Balance	Discreción	Gozo
Bondad	Disfrute	Gracia
Calma	Diversidad	Gratitud
Claridad mental	Diversión	Hacer una diferencia
Compasión	Economía	Honestidad
Competitividad	Eficacia	Honor
Comprensión	Eficiencia	Humildad
Compromiso	Elegancia	Igualdad
Comunidad	Empatía	Independencia
Consideración	Enfoque	Ingenuidad
Consistencia	Entusiasmo	Integridad
Contentamiento	Espontaneidad	Inteligencia
Contribución	Estabilidad	Intuición
Control	Estatus intelectual	Inventiva
Cooperación	Estratégico	Justicia

Lealtad	Pericia	Sensibilidad
Legado	Perspicacia	Sentido práctico
Libertad	Pertenencia	Ser el mejor
Liderazgo	Piedad	Serenidad
Logro	Positividad	Servicio
Maestría	Precisión	Solvencia
Mejora continua	Preparación	Templanza
Mérito	Profesionalismo	Tolerancia
Minuciosidad	Prudencia	Trabajo duro
Obediencia	Puntualidad	Trabajo en equipo
Orden	Rectitud	Tradicionalismo
Orientación a la calidad	Responsabilidad	Unidad
Orientación familiar	Rigor	Utilidad
Orientado a resultados	Salud	Velocidad
Originalidad	Santidad	Verdad
Patriotismo	Seguridad	Visión
Perfección	Sencillez	Vitalidad

Esta lista es según mindtools.com[1]. Cada uno de estos tiene un impacto en ti, que puede ser insignificante o masivo. Ahora entiendes por qué Elvis los ilustró como huellas digitales: hay muchas variables en juego, que llevan a diferentes personas a tener diferentes conjuntos de valores. Mirando esta lista, reflexiona sobre tus valores y encierra en un círculo los que resuenan contigo. Encierra en un círculo de otro color aquellos que consideras absolutamente fundamentales para ti. Luego, escribe aquí los valores que forman parte de tu conjunto de valores:

Valores fundamentales:

___________________, ___________________, ___________________,

___________________, ___________________, ___________________,

[1] Reproducido con autorización de MindTools.com. 2020. *What Are Your Values?*

Otros valores:

———————————, ———————————, ———————————,

———————————, ———————————, ———————————,

———————————, ———————————, ———————————,

Al igual que con otros aspectos de la autoconciencia, te beneficiará comprender con claridad cuál es tu conjunto específico de valores. Tus valores son como una brújula que te ayuda a orientarte en la dirección correcta; una dirección que te brinda paz interior y satisfacción cuando la sigues en tu carrera y en tu vida. Pero cuando no comprendes realmente tus valores, es más difícil entender la dirección correcta a seguir. ¿Opción A, B o C? Existen múltiples beneficios que surgen al estar en sintonía con tus valores:

- *Tomar las mejores decisiones para tu carrera y tu vida.* Las mejores decisiones son las que están alineadas con tus valores. Por ejemplo, ¿qué carrera debo elegir? ¿con quién debería casarme? ¿aprovecho o no esta nueva oportunidad? Las consecuencias de decisiones críticas desalineadas pueden traer años de insatisfacción y arrepentimiento a nuestra vida.

- *Priorizar entre opciones competitivas.* A veces eres halado en múltiples direcciones y debes elegir una. Por ejemplo, ¿deberías asistir a esa reunión clave que tu jefe espera que dirijas o asistir a la fiesta de cumpleaños de tu hija? A veces alternas conscientemente qué sacrificar, o te vuelves creativo para minimizar las desventajas.

- *Seleccionar una posición o postura ante un tema.* En todos los temas, te encuentras en algún lugar del espectro y esa posición está influenciada o gobernada por lo que valoras más. Por ejemplo, tu postura respecto de las prácticas de reciclaje, las políticas de inmigración, el ejercicio y la dieta, las políticas sobre armas, entre otros.

- *Entender la mejor acción posible ante una situación difícil.* Dentro de toda situación cuentas con diversas opciones. Por ejemplo, escuchas a un hombre abusar verbalmente de una mujer en la cafetería del barrio. ¿Lo ignoras, lo confrontas, te vas o le pides al dueño que lo saque? La forma en que reaccionas también está influenciada por tus valores. A veces la situación es menos pública: ¿qué haces si tu jefe te pide que cambies el resultado del análisis, para fortalecer su propuesta?

- *Confirmar que tus acciones fueron apropiadas.* Después de tomar una decisión tendrás que vivir para siempre con las consecuencias de ella. ¿La consecuencia es un sentimiento de satisfacción y paz o de frustración y vergüenza? Tus valores te ayudan a confirmar si tomaste el mejor curso de acción.

Todos esos beneficios son importantes, y entrarán en juego en diferentes momentos de tu vida. Creo que los valores son como tus marcas comerciales preferidas: ayudan a que tu proceso de toma de decisiones sea eficiente. Por ejemplo, si eres leal a una marca como Nike, la próxima vez que necesites calzado para correr irás directo a escoger entre opciones Nike. No empezarás de cero ni tendrás que explorar todas las opciones: New Balance, Reebok, Saucony, etc. Como me gustan las marcas de chocolate fino como Valrhona, Vosges y Neuhaus, ignoro todas las marcas del mercado masivo como Hershey's o Snickers que quieren mi atención en el pasillo de chocolates. Al igual que las marcas, los valores ayudan a eliminar posibles opciones cuando te das cuenta de que no están bien alineadas con quién eres y te ayudan a elegir la mejor opción.

¿Entiendes tus valores con precisión? Apuesto a que ya conoces la mayoría de tus valores clave, aunque quizás no puedas describir tan fácilmente el orden jerárquico que tienen estos valores para ti. ¿Cuáles son más importantes? Para comprender tus valores, puedes hacer evaluaciones disponibles en internet, pero una buena introspección con lápiz y papel también funciona.

Según una evaluación de valores reciente que hice, mis valores más fuertes incluyen la ética/moral, la espiritualidad, el trabajo duro/diligencia, el poder/influencia, la competitividad, el conocimiento, el intelectualismo y la empatía. No me sorprendió mucho. Ahora, exploremos cómo los valores se manifiestan en nuestro comportamiento, decisiones y acciones.

Diversidad

La diversidad es otro de mis valores, aunque no apareció en dicha evaluación. Una de las muchas formas en que Cornell enriqueció mi vida incluye exponerme por primera vez a la verdadera diversidad. Antes de Cornell, estaba en un ambiente homogéneo en mi ciudad natal en Honduras. Después estuve en un mundo totalmente diferente, y me encantó. Ahora tenía amigos de Marruecos, Polonia, Barbados, Ecuador, y en todos los rincones de Estados Unidos. Mis compañeros de cuarto y apartamento eran diversos, incluidos estudiantes de Japón, Venezuela y varios estados. Durante mi segundo año, compartí un apartamento con Evan, Derek y Ed, todos de diferentes razas y orígenes. La diversidad era mi nueva normalidad.

En todo Cornell encontré diversidad de antecedentes, clase económica, intereses, orientación sexual, actividades académicas y visión del mundo. Fue revelador. También me expuso a una segregación que ignoré. Por ejemplo, algunos dormitorios, asociaciones de estudiantes, e incluso los grupos de estudio bíblico eran principalmente para un grupo racial o étnico. Estoy seguro que fue basado en las preferencias de los estudiantes, pero eso era nuevo para mí: hubiera esperado que todos se mezclaran de forma natural.

Los diferentes tonos de color de piel son bienvenidos y necesarios, pero aún mejor es la diversidad de pensamiento. En el ejemplo de mi apartamento de segundo año, nuestros diferentes orígenes, valores, especialidades, personalidades, objetivos y pasatiempos trajeron aún más diversidad, más allá del hecho de que lucíamos diferentes unos de otros. En un entorno laboral, esa diversidad de pensamiento conduce a resultados más ricos. Las personas formadas en un campo, por definición, no están formadas en otros campos, por lo tanto, tienen un alcance de visión limitado en algunos temas. Crear un entorno en el que se unan diferentes puntos de vista dará como resultado una conversación más holística y un resultado enriquecido.

Katherine W. Phillips, quién fue profesora de la escuela de negocios de Columbia y también de Kellogg, lo explicó al escribir: "El hecho es que, si quieres formar equipos u organizaciones capaces de innovar, necesitas diversidad. La diversidad mejora la creatividad. Fomenta la búsqueda de información y perspectivas novedosas, que conduzcan a una mejor toma de decisiones y resolución de problemas. La diversidad puede mejorar los resultados de las empresas y conducir a descubrimientos ilimitados e innovaciones revolucionarias. Incluso el simple hecho de estar expuesto a la diversidad puede cambiar la forma de pensar"[2]. Deloitte también explica los beneficios asociados de la diversidad de pensamientos para una organización o equipo, como la protección contra el pensamiento grupal e incrementar la escala de nuevos conocimientos[3].

Un estudio de McKinsey de 2019 concluyó que las empresas en el cuartil superior de diversidad de género en los equipos ejecutivos tenían un 25% más de probabilidades de tener una rentabilidad superior que las empresas en el cuartil más bajo. La probabilidad cambió al 36% para la diversidad étnica[4]. También señala que no se trata sólo de contratar diversidad, sino de garantizar un ambiente de trabajo caracterizado por un liderazgo inclusivo y responsabilidad entre los gerentes, igualdad y equidad de oportunidades, y apertura y libertad de prejuicios y discriminación. De lo contrario, los beneficios de la diversificación son obstaculizados.

También he tenido la suerte de trabajar en entornos laborales en Estados Unidos y Brasil que fomentan la diversidad. Valoro la diversidad hasta el punto de que no he considerado oportunidades laborales después de notar un grupo muy homogéneo durante el proceso de entrevista. Tampoco viviría en una ciudad o vecindario que no represente la diversidad que he llegado a apreciar. Disfruto escuchar varios idiomas cuando camino por mi vecindario. La diversidad de género, etnia y pensamiento sí que importa. Este valor me llevó a proponer como respuesta a una competencia cuyo objetivo era responder a la pregunta: "¿cómo podemos lograr nuestra visión de diversidad e inclusión?" en una organización de más de 20,000 empleados. De más de quinientas ideas, se seleccionaron tan solo once para presentarlas a diez ejecutivos en forma de *Shark Tank*, y reconocieron mi idea como la ganadora: utilicé mis habilidades de resolución de problemas y de influencia para implementarla, y ahora los altos líderes tienen métricas de diversidad e inclusión vinculadas a su bonificación, por lo que tienen un motivo concreto para preocuparse por el tema. Para llegar a ese resultado estuve

[2] KW Phillips. 18 de septiembre de 2017. "How Diversity Makes Us Smarter". *Greater Good Magazine*. (consultado en mayo de 2020).

[3] A. Díaz-Uda, C. Medina y B. Schill. 24 de julio de 2013. "Diversity's New Frontier". Deloitte Insights.

[4] V. Hunt, S. Prince, S. Dixon-Fyle y K. Dolan. 19 de mayo de 2020. "Diversity wins: How inclusion matters". *McKinsey & Co.* (consultado en agosto del 2020).

muchas horas investigando, comparando, entrevistando y construyendo un caso de negocios exhaustivo para aumentar efectivamente la diversidad, comenzando por el equipo ejecutivo, por lo creyente que soy de los múltiples beneficios que trae la diversidad en el entorno corporativo.

Disentimiento

Una de las cosas que aprendí después de unirme a McKinsey & Co. es que su conjunto de valores se toma en serio. En muchas empresas, los valores se quedan en meras aspiraciones, porque aún no se han vivido, en otras son sólo una bonita decoración en la pared. Uno de los valores de McKinsey que mantengo vivo después de haber salido hace años, es: "Respetar la obligación de disentir". Cuando un director ejecutivo contrata a McKinsey para que le ayude a responder una pregunta estratégica y paga mucho dinero por esos servicios, lo último que quiere es un grupo de personas que simplemente le digan lo que creen que quiere escuchar. Al decirles a sus consultores que tienen derecho a disentir y que se espera que lo hagan, La Firma solicita a sus empleados que expresen sus puntos de vista, incluso si son contradictorios con la posición del equipo ejecutivo del cliente o del resto del equipo de McKinsey. Empodera a sus empleados y los motive a poner sus puntos de vista sobre la mesa.

¿Por qué? Porque La Firma se da cuenta de que dicha dinámica enriquece la conversación al exponer diversos puntos de vista, riesgos o implicaciones que tal vez no han sido considerados. Por tanto, aumenta la probabilidad de llegar a la solución óptima.

Esta creencia la confirma el autor Charlan Nemeth, quien explica que "el consenso, aunque reconfortante y armonioso, además de eficiente, a menudo nos lleva a tomar malas decisiones. El disentimiento, aunque a menudo molesto, es precisamente el desafío que necesitamos para reevaluar nuestras propias opiniones y tomar mejores decisiones. Nos ayuda a considerar alternativas y generar soluciones creativas. El disentimiento es liberador"[5].

[5] CJ Nemeth. 2018. *In Defense of Troublemakers—The Power of Dissent in Life and Business.* Hachette Book Group.

Continúa explicando que cuando nos enfrentamos al disentimiento es más probable que consideremos los pros y los contras y lleguemos a soluciones más creativas. Por otro lado, puede hacer de la toma de decisiones un proceso más lento, y puede aumentar el conflicto dentro del equipo. Concluye que, en general, el disentimiento conduce a resultados positivos, incluso si la posición disidente resulta ser incorrecta, porque abre al equipo a basarse en los hechos y ser más propenso al aprendizaje.

Actualmente trabajo en un entorno en el que puedo practicar libremente este valor, y mi equipo y mi jefe ya esperan esto de mí. Tengo suficiente experiencia para evaluar el atractivo de las opciones que tengo por delante, y tengo la confianza suficiente para expresar mis opiniones. No tengo reparos en proponer puntos de vista alternativos, cuestionar constructivamente la lógica de los demás y expresar mi desacuerdo en privado o en público. Hago esto porque me preocupo por el trabajo de mis equipos y los resultados de la empresa: quiero asegurarme de estar tomando el mejor camino posible dada la información que tenemos a mano.

Mi aporte puede terminar siendo el mejor y será capaz de redirigir la decisión, o será totalmente erróneo y aprenderé más sobre la validez del pensamiento predominante. Sin embargo, debo saber hasta cuándo empujar, de lo contrario, pasaría de ser un compañero de pensamiento sólido a un oponente agresivo. Puede que mis puntos de vista no siempre sean influyentes, pero eso es parte del proceso.

Sólo una palabra de precaución antes que decidas aprovechar una oportunidad para tener un auténtico desacuerdo audaz en tu próxima reunión. El grado de tolerancia hacia el disentimiento depende de la cultura de tu organización. Comprende ese contexto antes de ponerte en tal situación. Según un artículo de *The Economist*[6], "la capacidad de hablar dentro de una organización, sin miedo de sanción, se conoce como 'seguridad psicológica'" y continúa explicando cómo un estudio concluyó que la seguridad psicológica era el factor más importante detrás del exitoso trabajo en equipo en Google. No todas las organizaciones serán tan maduras como Google o McKinsey en lo que respecta a la seguridad psicológica; Entonces conoce tu contexto, pero trata de influir en él. Traje este valor conmigo y lo he utilizado activamente en un contexto

---

[6] Bartleby. 10 de octubre de 2019. "In Praise of Dissenters". *The Economist*.

no tan abierto como Google o McKinsey. Tuve que educar a otros, explicándoles los beneficios del disentimiento, para que se acostumbraran. Es una herramienta que uso constantemente para agregar valor.

> "Debemos casi todo nuestro conocimiento no a quienes estuvieron de acuerdo sino a quienes discreparon".
>
> —Charles Caleb Colton, clérigo y escritor británico (1780–1832)

Trabajo duro y excelencia

Siempre me he esforzado por ser excelente en cual sea la tarea que tengo en frente. Puede que no sea el mejor para la misión, pero me esforzaré y aprenderé rápidamente; trabajaré duro y entregaré un resultado que cumpla o supere las expectativas. Trabajo duro + esfuerzo por aprender + perseverancia es una formula comprobada para el éxito. Si yo fuera asombroso por naturaleza, podría hacer cosas sin esfuerzo, pero no lo soy... ¡se requiere trabajo duro!

Hubo veces donde trabajar duro significó comenzar el lunes a las 2:30 am. Me siento cansado sólo de recordar eso. Cuando dirigía el departamento de aseguramiento de calidad en la planta de procesamiento de las granjas camaroneras, los miembros senior del equipo rotábamos y hacíamos inspecciones diarias para garantizar que las líneas de producción fueron desinfectadas adecuadamente y estaban listas para un nuevo día. Hacíamos esto a las 5:00 am. A veces, mi turno caía un lunes. Muchas veces me encontraba a dos horas de distancia, en la en casa de mis padres. Tendría que salir a las 3:00 am de mi casa para llegar a la hora. No iba a decepcionar a mi equipo al no cumplir con mi compromiso.

A veces, el trabajo duro significaba sacrificar el sueño y la comida. En McKinsey, generalmente los recién contratados con experiencia no lideran su primer proyecto, sino que asumen un rol en un nivel inferior para aprender más sobre el estilo de McKinsey antes de liderar el proyecto de un cliente. Durante las primeras semanas de mi primer proyecto, dejamos las oficinas del cliente y nos fuimos a una mesa en el lobby del hotel a seguir trabajando. Me moría de hambre... eran alrededor de las 9:00 o 10:00 de la noche. El equipo seguía trabajando en sus computadoras portátiles, todos trabajando en partes de una presentación para revisarla al día siguiente. Le dije al director del proyecto: "Oye, deberíamos pedir algo para cenar" y él murmuró: "Sí, pronto". Seguimos hablando de trabajo, escribiendo, haciendo diapositivas.

Repetimos esas últimas frases unas cuantas veces. Ahora ya eran la una de la madrugada. Aun así, nadie habló de la cena. ¡¿Qué?! ¡Nunca me había saltado la cena en toda mi vida! No quería ser el eslabón débil que se separaba del equipo en un momento de concentración. Ellos, de alguna manera, habían aprendido a ignorar el hambre. Terminamos después de las 3:00 am. Me sentía agotado, me fui directo a la cama y me desperté a las 7:00 am para comenzar un nuevo día. Esa larga noche sin cena me recuerda que puedo esforzarme para lograr lo que tengo que lograr (también me recuerda que debo ser empático con mi equipo: todos deben estar bien alimentados y llenos de energía para tal tarea... cosas básicas de inteligencia emocional).

Hago el esfuerzo necesario para cumplir o superar las expectativas, y evito resultados descuidados o a medias. Mi mamá me inculcó los altos estándares como un valor esencial cuando era pequeño, y esto a veces significa hacer pequeños sacrificios.

"No conozco a nadie que haya llegado a la cima sin trabajar duro. Esa es la receta. No siempre te llevará a la cima, pero debería llevarte bastante cerca".

—Margaret Thatcher, primera ministra británica (1925-2013)

Generosidad

Desde pequeña, Rissa pasó las vacaciones de verano y Navidad en Jamaica, donde vive parte de su familia. En esos viajes, sus padres traían maletas extra con ropa para donar. Rissa visitaba orfanatos y escuelas en la isla y se la entregaba a los niños. Además, su tía abuela Grace, una profesora jubilada que trabajaba en una de las mejores escuelas secundarias de la isla, llevaría a Rissa con ella para mostrarle el valor de la educación y cómo ayuda a cambiar la vida de los niños. Los valores de generosidad y educación comenzaron a formarse en su conjunto de valores dadas sus experiencias de infancia y ejemplos familiares consistentes.

El discurso de graduación de su clase en la escuela de negocios de Harvard, hecho por Ken Chennault, ex-CEO de American Express, reforzó vigorosamente el valor de la generosidad, y eso se quedó con ella. Ella dice: "Lo recuerdo claramente reforzando la necesidad de dar y ayudar sin importar cuán exitosos seamos: aún más si logramos un gran éxito. Ese discurso me influyó mucho". Finalmente se unió a American Express después de algunos años en Goldman Sachs, y fue testigo de cómo una empresa puede dar activamente y cómo las personas aprovechaban con entusiasmo esas oportunidades. La empresa ofreció muchas iniciativas de voluntariado a sus empleados, incluyendo colectas de alimentos y comedores comunitarios, entre otras. Eligió ser voluntaria para ayudar a construir casas para miembros desfavorecidos de la comunidad local.

La combinación de su valor de generosidad más la apreciación de cómo la educación mejora vidas, la llevaron a tomar acción. Lanzó un fondo de becas llamado Grace Scholarship Fund (GSF) para ayudar a los estudiantes jamaiquinos de secundaria con alto potencial y rendimiento académico a pagar su universidad local. GSF se convirtió en un esfuerzo internacional con apoyo global. En total, GSF ha otorgado más de 50 becas a estudiantes de toda la isla.[7]

En Southern Glazer's Wine & Spirits, mi compañera de trabajo y amiga Rissa Lawrence continua su participación en iniciativas para ayudar a los demás, incluyendo desarrollar una experiencia integral de educación ejecutiva para mujeres en nuestra organización, y el diseño e implementación de presentaciones de diversidad e inclusión para educar a miles de empleados sobre ese relevante tema. También le gusta asesorar a pasantes universitarios minoritarios.

Espiritualidad, integridad, respeto

Recuerda, cada persona tiene valores diferentes, y así como yo no espero que tú tengas mis valores, tú tampoco deberías esperar que yo tenga los tuyos. Mi educación cristiana significó ir a la iglesia, leer la Biblia, orar, etc. Desde muy temprano he priorizado mi relación con Dios. Eso se traduce en múltiples acciones y elecciones en mi día a día, como ser agradecido, tener integridad de carácter y respetar a los demás, por nombrar algunos.

[7] www.gracefund.org

La integridad consiste en saber lo que es correcto, esforzarse por lograrlo y, cuando se falla, admitirlo y corregir el rumbo. La integridad nos lleva a no hacer trampa en un examen, en el informe de gastos o en la declaración de impuestos. Se trata de no aprovecharse de los demás, incluso si pudieras salirte con la tuya. Se trata de hacer lo que dices que harás, guardar un secreto cuando alguien confía en ti o llegar a la hora que dijiste que lo harías. La integridad es un valor que aprendí de mis padres.

Uno de mis muchos jefes me pidió una vez que cambiara los resultados de un análisis para aumentar las posibilidades de pasar una auditoría crítica para ingresar a un nuevo mercado. Me negué, pero en cambio, preparé explicaciones lógicas para tales resultados y un plan de mejora para demostrar que sabíamos cómo solucionarlo. Los auditores quedaron impresionados por nuestra autoconciencia y proactividad mostrada sobre la métrica deficiente y pasamos la auditoría. Me sentí orgulloso de mí mismo por apegarme a mis valores, y confirmé que no necesito sucumbir a esa presión en situaciones similares en el futuro.

Creo que todo el mundo tiene derecho a ser tratado con respeto, independientemente del tamaño de su cuenta bancaria, el color de su piel o su destreza intelectual. ¿Por qué? Porque para mí, Dios nos creó como iguales, y nos pide que amemos a nuestro prójimo y mostremos compasión. Todos estaremos de acuerdo en que nos gusta que nos respeten, sin embargo, no siempre respetamos a los demás. Cuando veo que alguien le falta el respeto a otra persona, o que alguien me falta el respeto a mí, se me calienta la sangre. He trabajado y tratado con una amplia gama de personas, desde trabajadores de finca en el sur de Honduras hasta presidentes de compañías globales exitosas. Yo los trato a todos por igual: con cortesía y respeto. ¡No es nada difícil! Mirar a la gente con desprecio es un gran error. Podríamos perder seguidores, si el deseo de otros de trabajar para nosotros y estar cerca de nosotros, baja. La falta de seguidores es un liderazgo fallido, independientemente del título que hayas logrado.

Priorización

Quizás pienses que mi carrera es la máxima prioridad en mi vida según las experiencias que he compartido a lo largo de este libro. La verdad es que no. Mi carrera ocupa el cuarto lugar en mi orden jerárquico. Pero claro, si se trata de un tema urgente, puedo saltarme un estudio bíblico o una cena familiar para terminar un trabajo clave que debe entregarse mañana por la mañana, porque el orden jerárquico tiene flexibilidad dependiendo de las circunstancias. No sacrificaría mi salud por un ascenso, pero hace tres días me salté mi entrenamiento porque tuve que quedarme trabajando hasta más tarde de lo habitual. Con frecuencia ocurren pequeños "toma y dame acá" para lograr el mejor resultado general, no es un sistema rígido.

En resumen

Ser consciente del orden de tus prioridades y tus valores te hacen consciente de los sacrificios necesarios que te son aceptables. Esto te permite evaluar si tus acciones son consistentes con tus prioridades y valores declarados. Te lleva a realizar los cambios necesarios. Da vida a esos valores, como Rissa al lanzar su fondo de becas educativas, y déjalos brillar como parte de tu marca profesional.

"No es difícil tomar decisiones cuando sabes cuáles son tus valores".

—Roy Disney, empresario estadounidense (1893-1971)

Puntos clave: Apégate a tus valores

- Los valores son un elemento crítico de la autoconciencia. Por lo tanto, debes tener claro cuáles son tus valores.

- Utiliza tus valores para ayudarte a tomar mejores decisiones en tu carrera y vida, y para evaluar si tus comportamientos son consistentes con quién realmente eres.

Autoevaluación

¿Qué afirmación te describe mejor? Encierra en un círculo la letra correspondiente.

a) Tengo una idea general de cuáles son mis valores, pero tendría que pensar si me preguntan sobre ellos. No estoy seguro de poder decir claramente cómo les priorizo.

b) Puedo describir la mayoría de mis valores fundamentales y secundarios. Conozco su priorización: tengo un par de ejemplos de cómo los usé para tomar decisiones en mi carrera, vida y en el día a día.

c) Puedo describir con precisión mis valores fundamentales y mis valores secundarios. Sé cómo priorizo esos valores y siempre recurro a ellos para tomar decisiones en mi carrera, vida y el en el día a día.

Acciones a tomar

- Obtén claridad sobre tus valores fundamentales y valores secundarios, ya sea mediante una evaluación o una introspección:

  - Explora alternativas de evaluación, o

  - Si aún no lo has hecho, usa la lista de valores presentada en este capítulo y encierra en un círculo los que resuenan contigo.

- Busca pruebas. Piensa en formas en las que has dejado tus valores guiar tus pasos.

____

____

- Piensa en los cambios necesarios que debería considerar, dado tu conjunto de valores.

    o ¿Hay cosas que necesitas hacer más?

        ▪ _______________________________________

        ▪ _______________________________________

        ▪ _______________________________________

        ▪ _______________________________________

    o ¿Hay cosas que necesitas hacer menos?

        ▪ _______________________________________

        ▪ _______________________________________

        ▪ _______________________________________

        ▪ _______________________________________

CAPÍTULO 8

Desarrolla destreza

"La verdadera destreza es la forma más potente de autoridad".

—Victoria Bond, directora y compositora estadounidense

¿Por qué deberías?

Ahora que te conoces mejor, incluyendo tus fortalezas, intereses, motivadores y valores, estás en mejor posición para adquirir experiencia y destreza. Quieres ser conocido por al menos una cosa que haces mucho mejor que otras personas. Algo en lo que eres un experto. Así es como te diferencias del resto.

¿Cuál resto? Cualquier grupo con credenciales y habilidades similares a las tuyas intentando lograr tu mismo objetivo: tus compañeros de clase que se entrevistan con las mismas empresas, tus colegas que compiten por la misma promoción o proyecto, o si eres un emprendedor, las otras alternativas que tu cliente potencial puede seleccionar.

Ese desempeño superior o experiencia en un tema particular se conoce como un *pico*, porque si graficas tu desempeño en múltiples variables, como se muestra en la Figura 8.1, visualmente estaría muy por encima del promedio, formando un pico. Imaginemos que las 10 variables mostradas en la Figura 8.1 son las más importantes para sobresalir en tu campo, y te calificamos en cada una.

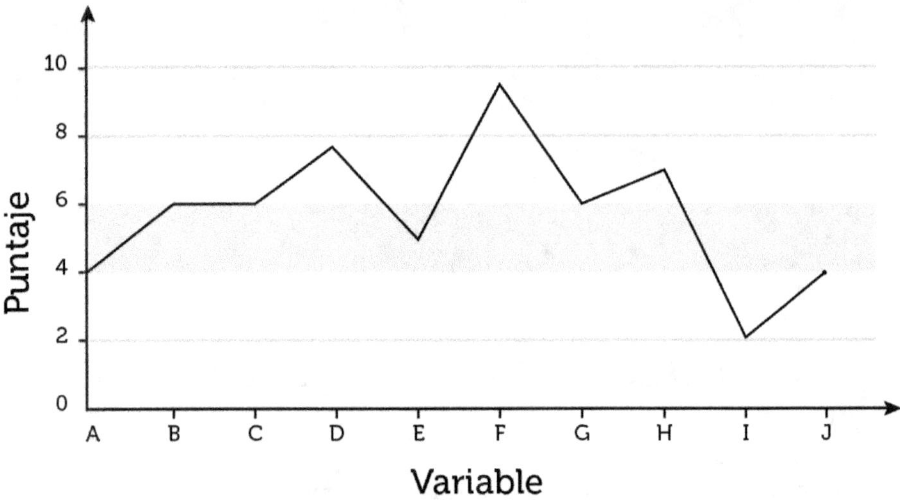

Figura 8.1 Gráfico de habilidades clave en tu campo

Podemos concluir algunos puntos de la gráfica:

- Excelente noticia: hay un pico principal en la variable F

- Buenas noticias: Tienes picos más pequeños pero importantes en D y H

- Tu desempeño en las otras variables clave es promedio

- Mala noticia: tu desempeño en la variable I necesita mejorar

Cuando te diferencias a través de uno o dos picos, aumentas la demanda de tus servicios. Cuando aumenta la demanda de sus servicios, se abren puertas en forma de propuestas atractivas, ofertas de trabajo, proyectos interesantes, promociones, invitaciones, referencias, etc. Un chef puede llegar a ser exitoso y famoso sin tener que saber cocinar todos los platillos imaginables a la perfección. Puede sobresalir en un segmento de la gastronomía, tal vez pasteles de chocolate o fina comida vietnamita. Palabra clave: _sobresalir_. En mi campo, obviamente no necesito ser la persona a quien acudir para todos los temas de negocios que afectan a la industria de alimentos y bebidas. Sobresalir en unos pocos será suficiente.

Construir un pico para distinguirte requiere de tiempo y esfuerzo. Según un artículo de Harvard Business Review, "el camino hacia un desempeño verdaderamente superior no es para los débiles de corazón ni para los impacientes. El desarrollo de una destreza genuina requiere lucha, sacrificio y una honesta y a menudo dolorosa autoevaluación. No hay atajos". Los autores continúan argumentando que se necesita práctica enfocada y deliberada, mucho tiempo y retroalimentación de entrenadores o mentores para construir picos considerables[1]. Esto se aplica a la mayoría de las personas, en la mayoría de los campos, y tú y yo no somos la excepción.

Quizás ya los hayas creado o aún necesitas crearlos (si estás comenzando tu carrera, es normal no tengas picos todavía). Independientemente de dónde te encuentres en esas etapas de construcción, esto es clave para tu éxito profesional y para tu marca. Incluso después de construir un pico, es necesario mantenerlo. Los picos que no se mantienen bien se reducirán con el tiempo a medida que el mundo y el tema de tu destreza continúen evolucionando y/o el resto mejoren de manera proactiva. Por eso ese artículo describe el desempeño superior como no para "los débiles de corazón ni para los impacientes".

El pico principal

El pico principal es esa variable en la que realmente brillas: donde tienes gran experiencia y destreza. Si tienes dos, eso es fantástico, pero necesitas al menos un pico principal reconocido por otros. He mencionado la resolución de problemas varias veces porque es mi pico principal. La resolución de problemas es encontrar la solución óptima a una oportunidad determinada o a un desafío complejo para cerrar la brecha entre el estado actual y el estado deseado. Estamos aquí en el punto X pero necesitamos o queremos estar en el punto Y: la brecha que hay que cerrar entre X e Y se considera un problema. Los problemas pueden afectar a una persona, grupo, organización o país. Resolver un problema crea valor. La metodología de resolución de problemas (MRP) es un método estructurado y lógico para resolver cualquier tipo de problema.

Podemos aplicar MRP a situaciones en las que se aspira a tener un desempeño aún mejor, así como a situaciones para corregir un bajo desempeño, como se ilustra en la tabla 8.1.

---

[1] K.A. Ericsson, MJ Prietula y E.T. Cokely. Julio-agosto del 2007. "The Making of an Expert". *Harvard Business Review.*

Este libro es producto de la aplicación de MRP al problema: "¿por qué la mayoría de los profesionales están aquí cuando tienen el potencial para estar allá? Por "allá" me refiero a más adelante en nuestra carrera. Y digo "nuestra" y no "tu carrera" porque me incluyo a mí mismo... a mí también me ha afectado ese problema, lo que me permite analizarlo desde afuera como solucionador de problemas y desde dentro como alguien que lo ha vivido.

Tabla 8.1 Aplicaciones típicas de MRP

Aspiracional (Estrategia)	Bajo rendimiento (Mejoría)
"¿Cómo podemos aprovechar esta oportunidad?"	"¿Cómo podemos recuperarnos del impacto de la oportunidad ignorada?"
"¿Cómo puede la empresa X ganar aún más cuota de mercado?"	"¿Por qué la empresa X está perdiendo cuota de mercado y cómo puede recuperarla?"
"¿Cómo pueden nuevas capacidades operativas o comerciales darnos una mayor ventaja competitiva?"	"¿Por qué esta operación o proceso no funciona bien?"

Los ejemplos de la izquierda indican que no hay un problema inmediato, pero sí la aspiración de estar en una posición aún mejor. Es proactivo. Quien soluciona estos problemas eficazmente se pregunta: "¿cómo podemos llegar a nuestra meta? ¿cuál es nuestra mejor opción estratégica para llegar allí, dadas las múltiples opciones?" Definirán la solución óptima para cerrar esa brecha de aspiraciones y aprovechar esa oportunidad. Se trata de seleccionar la ruta estratégica óptima para crear y mantener una ventaja competitiva para ser superior en una industria. Esta es estrategia.

Los ejemplos de la derecha, los de bajo rendimiento, indican que hay un notorio impacto negativo que debe solucionarse. Es reactivo. Quien soluciona estos problemas eficazmente se pregunta: "¿por qué sucede esto y cuál es la forma más eficaz de solucionarlo?" Ellos definirán la solución óptima para cerrar esa brecha.

Las empresas contratan consultores gerenciales para resolver un problema que no pueden resolver por sí mismas, normalmente por falta de experiencia interna o tiempo. Diferentes empresas consultoras tienen metodologías ligeramente diferentes, pero los paso-a-paso suelen ser relativamente similares.

La resolución de problemas es una de las habilidades clave que aprendí y perfeccioné durante mis cinco años en consultoría, a través de una capacitación rigurosa y una práctica constante de un proyecto a otro. Más tarde, magnifiqué esta habilidad cuando mi función era capacitar a todos los empleados corporativos globales de Restaurant Brands International en MRP. Usarla habilidad es una cosa, pero enseñar y entrenar a otros me obligó a profundizar más en ella y ser su cara. También capacité a equipos en mi empresa actual y, por supuesto, seguí aplicando MRP en mis funciones: es mi arma preferida. Según un artículo de McKinsey[2], "los mejores solucionadores de problemas desarrollan continuamente ideas y soluciones innovadoras e impactantes; son integrales, basados en hechos, flexibles, creativos y pragmáticos".

La belleza de tener esta fortaleza es que puedo aplicarla en todas partes, incluso en situaciones en las que carezco de experiencia en el tema, siempre que tenga acceso a personas que conocen bien del tema, pero carecen de conocimiento sobre cómo resolver el problema de manera efectiva.

En McKinsey, por ejemplo, utilicé MRP para ayudar a una empresa de *snacks* a acelerar el crecimiento de las ventas. Pero déjame hablarte de un proyecto más desafiante. Era el gerente de proyecto para ayudar a una siderúrgica alemana a mejorar la capacidad de producción de su operación en Brasil. Me sentí un poco intimidado porque no sabía nada sobre fabricación de acero… ¡Nada, cero! La producción real de la planta sólo alcanzó alrededor del 70% de la capacidad de diseño, y esperaban un aumento de la demanda que no serían capaces de satisfacer y perderían millones en ventas. Afortunadamente, algunas cosas estaban a mi favor: gente brillante en mi equipo, mi conocimiento de MRP y acceso a expertos en metalurgia listos para responder cualquier pregunta técnica.

Aplicamos MRP con rigor desde la primera semana, y de forma lenta pero segura, las causas fundamentales empezaron a aparecer. Fueron necesarias muchas entrevistas, mucho análisis de datos, conversaciones con expertos en Alemania y replicar el comportamiento de la planta en un modelo. MRP nos permitió comprender qué pasos

---

[2] I. Davis, D. Keeling, P. Schreier y A. Williams. Julio de 2007. "The McKinsey Approach to Problem Solving". *McKinsey Staff Paper*, núm. 66.

de procesamiento no funcionaban según lo diseñado y cómo podíamos solucionarlos. Identificamos las soluciones adecuadas para cada causa raíz identificada y creamos un detallado plan de implementación con más de cincuenta soluciones a corto y mediano plazo para superar la capacidad diseñada. Los expertos internos del cliente no pudieron solucionarlo por sí solos. La combinación de MRP estructurado más la destreza de los expertos internos y externos generó resultados mágicos.

Comparto este ejemplo personal de un pico principal para decir también que construí esta experiencia a través de años de capacitación, práctica en múltiples contextos, lectura, reflexionando, enseñando, entrenando a otros, etc. Como dijo John C. Maxwell: "Nunca sabes realmente algo hasta que se lo enseñas a otra persona". La enseñanza me permitió profundizar mucho. Deberías considerar enseñar a otros, eso te obligará a ser más inteligente en ese tema y, por lo tanto, adquirir una destreza envidiable.

> "Los errores más graves no se cometen como resultado de respuestas equivocadas. Lo verdaderamente peligroso es hacer la pregunta equivocada".
>
> —Peter Drucker, autor y gurú de la gestión (1909-2005)

Picos secundarios

El pico principal debe ir acompañado de otros picos más pequeños en variables esenciales para tu campo; esto agrega amplitud. De lo contrario, te convertirás en alguien de alto riesgo que necesita muletas o ayuda constante de otros. Algunas personas no te darán la oportunidad porque no llenas las casillas en otros criterios importantes. "No metamos a Tomás en esto, es muy fuerte en operaciones pero no tengo tiempo para cuidarlo durante todos los modelos de Excel que necesitamos construir", por ejemplo.

Debes minimizar esas áreas débiles para seguir creciendo como un profesional exitoso en tu campo. Si eres un vendedor de vinos con una increíble habilidad de venta, para pasar al siguiente nivel como gerente de área que supervisa a varios vendedores, necesitas habilidades agudas de gestión de equipos, una capacidad clara para capacitar a tu equipo en la búsqueda de oportunidades para aumentar las ventas, etc. Tu pico principal en ventas es excelente, pero necesita ser complementado con otras habilidades y destrezas. Puedes esperar que esos picos cambien a medida que crezcas.

Para mí, esos picos secundarios incluyen:

- Habilidades de liderazgo

- Gestión de proyectos

- Negociaciones

- Comunicaciones

Por supuesto, la lista de temas que no son mis picos secundarios es mucho más larga. Desde una perspectiva de liderazgo, he gestionado y liderado múltiples equipos con y sin autoridad formal para cumplir una misión. En mi primer trabajo después de la universidad, dirigí un departamento de control de calidad y tengo experiencia en despedir, contratar, entrenar y desarrollar a mi equipo. Durante el proyecto del chocolate en Brasil, dirigí a más de veinticinco colegas, y solo uno de ellos me reportaba directamente. Gestionar equipos en todo el continente agudizó mi sensibilidad cultural para ser más eficaz. Los entrenamientos han contribuido enormemente a moldear mis habilidades de liderazgo. Nunca puedes dejar de aprender sobre liderazgo, es algo que siempre debes desarrollar y seguir perfeccionando. He dirigido a tantas personas realmente maravillosas, además de un puñado de personas difíciles o mediocres. Cada vez, hay diferentes herramientas de liderazgo que aplicar y lecciones que aprender. Sin duda, esta es un área en la que debemos darnos cuenta de que somos un "trabajo en proceso".

Formé los otros picos secundarios a través de toneladas de entrenamiento y práctica a lo largo de los años. He liderado o codirigido decenas de proyectos, me he formado en gestión de proyectos y, por tanto, he formado a otros. He realizado centenares de presentaciones desde la escuela de negocios y he capacitado a cientos sobre cómo crear presentaciones bien estructuradas. Me han interesado las negociaciones, por eso leo muchos libros porque me doy cuenta de que siempre estoy negociando. ¿Tienes pareja, jefe, hijos o clientes? Ahí lo tienes, tú también estás negociando constantemente, así que considéralo un valioso pico secundario que puedes construir, independientemente de tu campo.

La experiencia que he adquirido a lo largo de los años me ha convertido en quien soy profesionalmente. ¿Soy el mejor líder, el mejor negociador o el mejor intelectual?

No, conozco a gente mejor que yo en cada uno de esos temas, pero tengo un desempeño bastante bueno en esos picos secundarios que complementan mi pico principal y me convierten en un hombre de negocios completo que puede resolver problemas comerciales críticos para una empresa.

Eso es todo lo que necesitas: uno o dos picos principales y algunos picos secundarios. Sin embargo, recuerda que debes seguir perfeccionando esas habilidades para evitar perder la ventaja competitiva, especialmente a medida que el tema evoluciona. Esto explica por qué es difícil tener demasiados picos. Concéntrate en los principales para lograr tu objetivo profesional.

Profundidad y amplitud

Además de los picos secundarios, deberíamos tener un desempeño promedio en una amplia gama de otros temas relevantes. La Figura 8.1 mostró varias variables con un desempeño promedio. Dependiendo de tu profesión, necesitarás demostrar algún nivel de competencia en más de diez temas. Por ejemplo, yo soy bueno en Excel, lo suficiente como para realizar la mayoría de las tareas que necesito por mi cuenta, pero no soy excelente. Nunca lo consideraría uno de mis picos secundarios, por eso confío en analistas y expertos en Excel para realizar los modelos y análisis más complejos.

En conclusión, la combinación de uno o dos picos principales, un puñado de picos secundarios y un rendimiento promedio en otros temas importantes te darán la ventaja competitiva. Ten en cuenta que esta es una regla general y hay excepciones: algunos campos requieren una profunda especialización. Querrás que tu neurocirujano fuera una estrella en cirugía cerebral, y punto. Finalmente, según el Principio 3, imagina que la Figura 8.1 evoluciona con el tiempo a medida que evolucionan tus picos y se agregan nuevos temas a la mezcla.

Eric MS y MW

Permíteme que te hable de mi colega Eric, un verdadero ejemplo de talla mundial de lo que es destreza profunda… en un tema divertido pero complejo. Cuando era joven, Eric comenzó a trabajar como asistente de mesero en un restaurante de carnes muy respetado en West Palm Beach. En ese momento, este restaurante tenía uno de los mejores programas de vinos del sur de Florida. El gerente hacia una reunión obligatoria todos los sábados a las 9:00 a.m. para aumentar el conocimiento sobre vinos y las habilidades de ventas y servicio de los meseros, la mayoría de los cuales odiaban asistir a una reunión un sábado tan temprano.

Aquí es donde Eric rápidamente quedó fascinado con el vino y comenzó a estudiarlo y catarlo cada vez que tenía la oportunidad. Pronto se dio cuenta que quería hacer carrera en el negocio del vino. Cuando lo ascendieron a un puesto gerencial, conoció a un caballero que luego lo invitó a unirse a la empresa que ahora es Southern Glazer's Wine & Spirits (SGWS), la más grande distribuidora de vinos y licores en EE.UU. Aceptó, y sus conocimientos sobre vinos le permitieron avanzar a un ritmo acelerado en ventas y gestión de ventas durante la siguiente década.

Su siguiente etapa en la empresa fue en un nuevo puesto en Florida de educación sobre vino. Después de empezar, decidió obtener una certificación oficial de vino que le ayudara en esta función. La Sociedad de Educadores de Vino ofrecía la acreditación de Educador Certificado de Vino. Comenzó a estudiar para obtenerla, y obtuvo tal credencial dos años después. Casi al mismo tiempo que comenzó a estudiar, se inscribió en el curso introductorio de la Corte de Maestros Sumilleres. Después de pasar el primer nivel de CMS, el contenido para el examen de Sumiller Avanzado fue un desafío exponencialmente mayor; un salto extremo en términos de teoría requerida, servicio y experiencia en cata a ciegas. Le tomó dos intentos pasar el examen avanzado, durante su tercer año en el cargo.

Pero Eric quería más. Formó un grupo de personas con intereses afines y comenzaron a practicar y estudiar para alcanzar su objetivo común de convertirse en Maestro Sumiller. El mayor desafío para Eric fue encontrar tiempo para el intenso nivel de estudio requerido y al mismo tiempo atender un trabajo de tiempo completo y su familia. Afortunadamente, ambos le brindaron un gran apoyo y ese estímulo le permitió seguir adelante cuando solo tenía ganas de darse por vencido.

El recuerda sus días de exámenes, en los que, además de las intensas setenta preguntas teóricas y la demostración de técnicas de servicio de vino, incluían catas a ciegas. "Tuve que probar seis vinos de cualquier parte del mundo e identificar correctamente la región, la uva, el estilo, el nivel de calidad y el año de al menos cuatro para pasar". Todo valió la pena y se convirtió en Maestro Sumiller (MS) en su sexto año en el puesto.

Pero espera, él no se detuvo allí. Mel, un alto ejecutivo de la empresa, le habló a Eric sobre otro programa que ofrece el Instituto de Maestría en Vinos, el programa Maestría en Vinos—Master of Wine o MW. Este es considerado el mayor desafío en el mundo del vino. El programa MW abarca únicamente el vino, a diferencia del MS, pero en un ámbito mucho más amplio que incluye la viticultura y la elaboración del vino, la garantía de calidad, el negocio del vino y cuestiones vitivinícolas contemporáneas. Aprobó el examen de cata MW en su primer intento, lo que significó probar a ciegas 36 vinos durante tres días y escribir descripciones apropiadas sobre cada uno.

Luego vino el maratón de preparación para la parte teórica, que finalmente aprobó seis largos años después. Para tener éxito, aprendió profundamente la ciencia y los negocios que subyacen al mundo del vino, y cómo escribir sobre ellos de manera concisa y precisa en formato de ensayo cronometrado. "Hubo muchas ocasiones en las que sentí que había llegado al límite de mi resistencia y quería rendirme, pero la idea de decepcionar a Mel, a mi familia y a mí me hizo seguir adelante". El triunfo final se produjo ocho años después de iniciar el programa, al finalizar con éxito la tesis y recibir el título de MW.

Estos logros han recompensado a Eric con ascensos a vicepresidente sénior a cargo de la educación corporativa sobre vinos para el país. Este puesto gratificante le ha permitido ampliar los programas educativos sobre vino en toda la amplia red de empresas y viajar por todas las regiones vitivinícolas. Eric y su equipo han dirigido más de 10,000 certificaciones de empleados de SGWS en programas de vinos, licores y sake, creando la fuerza de ventas mejor capacitada del país.

En la vida, el programa MW ha ayudado a Eric a desarrollar profundas habilidades analíticas y a tener una visión de 360 grados de todos los temas y desafíos de la vida, no solo del vino. También aprendió francés en el camino, solo para ganar credibilidad cuando hablaba de vinos franceses. A pesar de sus logros, Eric actúa como si aún fuera un "trabajo en proceso" y continúa aprendiendo. Para mantenerse actualizado sobre un tema en constante evolución, Eric dedica una hora al día para leer revistas y publicaciones comerciales internacionales.

"Hay tres palabras que me repetía como mantra una y otra vez mientras trabajaba en los programas: paciencia, perseverancia y determinación" dijo en mi podcast. ¡Eric Hemer pasó de ser asistente de mesero a ser una de las cuatro personas en el mundo que ha obtenido ambos títulos de MS y MW! Su pico en el conocimiento del vino es fuera de serie. Igualmente sorprendente es lo humilde y amigable que es mi compañero de trabajo.

En resumen

Asegúrate de adquirir la experiencia y destreza adecuada para abrir las puertas que deseas abrir. Sé estratégico al escoger en qué picos invertirás tiempo y esfuerzo, dado tu campo. Tu experiencia se convertirá en un factor diferenciador clave que construirá tu marca profesional. "Un alto nivel de experiencia en tu campo te convierte en un empleado versátil y valioso capaz de sobresalir en muchas facetas diferentes de tu negocio. Te sitúa por encima y aparte de los demás en tu campo", explica Eric.

"El que adquiere sabiduría ama la vida; el que aprecia el entendimiento pronto prosperará".

—Proverbios 19:8

Puntos clave: Desarrolla destreza

- Debes tener un desempeño superior (un pico principal) en al menos un tema relevante para tu profesión.

- Ese pico principal debe complementarse con picos secundarios en otros temas relevantes.

- Debes saber cuáles son esos temas relevantes en tu mundo para seleccionar dónde debes construir o fortalecer picos alineados con tus fortalezas, intereses y valores.

- Se necesitará tiempo, esfuerzo y sudor para desarrollar esa destreza y mantenerla relevante.

Autoevaluación

¿Qué afirmación te describe mejor? Encierra en un círculo la letra correspondiente.

a) No tengo uno o dos picos importantes de destreza. Hay varias personas en mi equipo o unidad que pueden hacer exactamente lo que yo hago.

b) Estoy avanzando en construir y afilar uno o dos picos principales y tengo más trabajo por hacer. Tengo algunos picos secundarios… y algunas áreas que mejorar.

c) Poseo uno o dos picos principales bien desarrollados, complementados con tres a seis picos secundarios. Para sobresalir en mi función, he abordado las debilidades en áreas importantes en mi campo.

Acciones a tomar

- Piensa en tu profesión y escribe una lista de hasta diez habilidades claves que debe tener un líder eficaz.

Variables: Puntaje:

A. ________________________________   ________

B. ________________________________   ________

C. ________________________________   ________

D. ________________________________   ________

E. ________________________________   ________

F. ________________________________   ________

G. ________________________________   ________

H. ________________________________   ________

I. ________________________________   ________

J. ________________________________   ________

- Sabiendo lo que sabes sobre ti mismo (pasiones, fortalezas y cosas que te desagradan), coloca un asterisco junto a cualquier habilidad de la lista que creas que puede ayudarte a diferenciarte.

- Ahora que has definido esa lista, regresa y date un puntaje del 1 a 10 en comparación con otros en tu campo (compañeros y líderes).

- Traza cada puntuación en la figura 8.2 y conecta los puntos con una línea. Éstas son tus variables en el eje x de la figura.

- ¿Qué te dice el gráfico?
  - Si tienes picos en las habilidades con asteriscos: ¡Eso es excelente! Sigue invirtiendo tiempo y esfuerzo para mantenerlos.
  - Si tienes brechas entre tu puntaje y dónde deberían estar tus picos principales o secundarios, crea un breve plan de acción para cada uno, especificando qué acciones puedes tomar para comenzar a desarrollar esa destreza. Establece plazos y coloca recordatorios en tu calendario. ¡Comprométete!

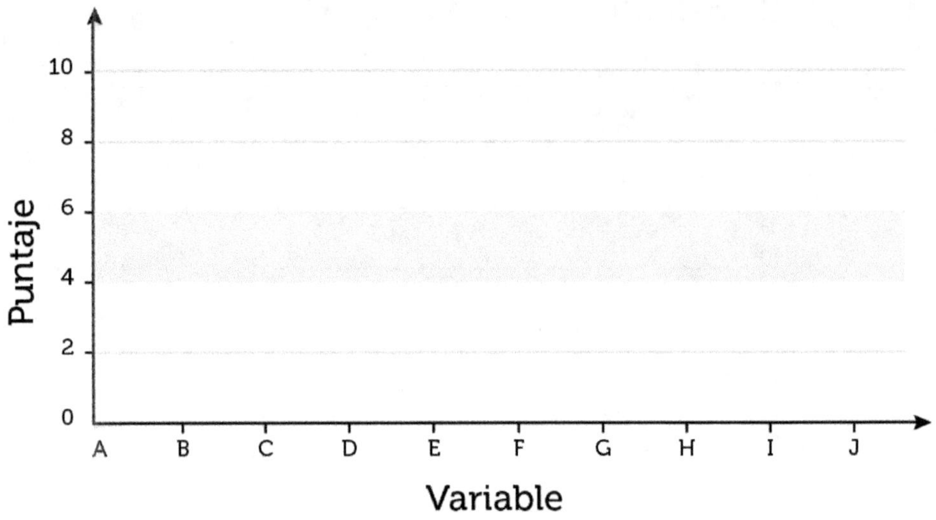

Figura 8.2 Gráfico de habilidades clave de tu campo: A completar

Brecha a cerrar: _______________________________________　Fecha:

Acciones:　　_______________________________________　_________

　　　　　　_______________________________________　_________

　　　　　　_______________________________________　_________

Brecha a cerrar: _______________________________________

Acciones:　　_______________________________________　_________

　　　　　　_______________________________________　_________

　　　　　　_______________________________________　_________

Brecha a cerrar: _______________________________________

Acciones:　　_______________________________________　_________

　　　　　　_______________________________________　_________

　　　　　　_______________________________________　_________

- Monitorea tu viaje de desarrollo de destreza. Evalúa periódicamente tu desempeño versus las variables esenciales de tu campo en caso de que surjan nuevas o se necesite más trabajo en las variables actuales.

CAPÍTULO 9

Define tu marca

"Una marca para una empresa es como la reputación de una persona.
Se gana reputación intentando hacer bien las cosas difíciles".

—Jeff Bezos, multibillonario estadounidense

¿Por qué deberías?

Ahora es el momento de incorporar tus fortalezas, valores y picos principales en una historia coherente: tu marca. Mira a tu alrededor: la ropa que llevas puesta, tus zapatos y tus accesorios. Al mirar a mi alrededor, veo mi reloj Garmin que uso para correr, mis audífonos Bose, el omnipresente iPhone de Apple, chicles Trident y otras marcas. Lo más probable es que tengas cierto grado de lealtad hacia algunas marcas en tu vida. Esto se debe a que has llegado a confiar en ellas más que en las alternativas. Representan un buen nivel de calidad, confiabilidad, comodidad y cualquier otro atributo que valoras en ese producto, por el precio que pagaste. Probablemente seas un consumidor habitual de algunas marcas, porque si estás satisfecho con el rendimiento de una marca, te simplifica el proceso de compra. Es cierto que algunas personas no son demasiado leales a las marcas, y que para algunos productos, las marcas pueden ser irrelevantes, pero eso no reduce la importancia de las marcas en general.

Como cualquier producto o empresa, tú también tienes una marca, lo sepas o no. Cuanto más temprano tengas el control de definir esa marca y qué se asocia a ella, mejor. Si no lo defines, otras personas lo harán por ti y es posible que no te sientas conforme con el resultado.

Una marca ayuda a diferenciarte de colegas o compañeros que te rodean. Ayuda a transmitir un mensaje a las personas de lo que pueden esperar de ti, cuáles son tus destrezas y qué aportas que los demás no. También te da enfoque y propósito. Para asuntos profesionales, esto resulta fundamental, ya que ayuda a crear una reputación que crea (o destruye) la demanda de tus servicios. No sólo por lo que puedes lograr, sino también por cómo lo logras como líder, gerente, compañero o seguidor.

Tu marca es lo que hace que la gente quiera trabajar contigo, lo que hace que el gerente de contratación quiera darte el puesto a ti, y lo que hace que los ejecutivos quieran darte mayores responsabilidades. Una marca sólida y bien establecida conduce a: "Ella es la gurú en este tema y sería fantástico trabajar con ella. ¡La necesitamos en nuestro equipo!". Y al contrario, una mala marca hace que los demás digan: "¡Uf, evítenlo a toda costa, no me gustaría asociar mi negocio a esa persona!". Tal y como hacen los expertos en marketing, que construyen marcas de consumo a través de estrategias y tácticas cuidadosamente diseñadas para influir en la percepción de los consumidores, tú también debes tener un control consciente de tu marca y de cómo la perciben otras personas.

El autor Robert Greene incluye nuestra reputación o marca como una de sus 48 leyes de poder y afirma: "Tu reputación te precede, y si inspira respeto, gran parte de tu trabajo estará hecho por ti antes de que llegues a escena y pronuncies una sola palabra"[1].

Declaración de marca profesional

Tu marca personal debe poder resumirse en una sola oración. Debe expresar tus fortalezas, habilidades, e incluso valores fundamentales de manera que haga que las personas piensen en ti cuando piensan en ese tema. Por supuesto, definirse a uno mismo en una sola frase es difícil. Hay muchas cosas que podrías decir, por eso es importante seleccionarlas bien y meticulosamente. Un buen ejemplo sería: "Mariana es una confiable planificadora financiera en Santiago que ayuda a parejas jóvenes a comenzar su viaje de inversión para maximizar la creación de riqueza a largo plazo". O "Paola es una premiada agente de bienes raíces con la que es fácil trabajar, elegida por los

[1] R. Greene. 2000. *The 48 Laws of Power*. Penguin Books.

extranjeros que compran y venden propiedades de más de 700,000 euros en Madrid".

Ten en cuenta que las marcas implican un foco. No llamarías a Mariana si necesitas ayuda con la declaración de impuestos, o si te jubilarás pronto, porque hay mejores opciones para eso. Mariana tampoco debería promocionar sus servicios entre personas que están a punto de jubilarse. Del mismo modo, no llamarías a Paola si necesitas un pequeño apartamento en Sevilla. Ese es el poder de la marca, ayuda a que la gente piense en ti para una necesidad específica en la que eclipsas a la competencia.

Esta dinámica es la misma que aplica para los productos: si un amigo me pide una recomendación de champaña para su cena de aniversario en casa, puedo recomendarle con confianza marcas específicas dependiendo de cuánto esté dispuesto a gastar. Confío en que las marcas que recomendaré brindarán la experiencia que mi amigo está buscando. Asocié una necesidad (una cena impresionante) con una solución (una marca de champaña confiable que yo disfruto) y emparejé a mi amigo con el producto. Eso es lo que quieres que otros hagan cuando piensen en tu tema de expertiz.

Phil, el agente de cambio

He conocido a muchos colegas que lograron construir una marca profesional sólida. Por ejemplo, cuando pienso en gestión del cambio, inmediatamente pienso en mi excolega canadiense Phil, a quien conocí mientras estaba en Cadbury. Phil obtuvo su licenciatura en comercio, con clases en comportamiento organizacional y personas, en la Universidad de Toronto. Cuando nos conocimos, él era el vicepresidente de cambio organizacional. Nos cruzamos en varios proyectos y eventos de capacitación.

Para comprender mejor lo que hace Phil: ¿qué es la gestión del cambio? Es el enfoque estructurado para gestionar el lado humano de una iniciativa de cambio corporativo, para que las personas adopten las nuevas formas de pensar y comportarse, y así lograr los resultados deseados. Esto es imprescindible para que la adopción al cambio sea permanente.

Durante la pandemia, ¿por qué crees que EE.UU. luchó para que su población adoptara consistentemente la recomendación médica de usar máscaras que ayuden a filtrar el aire que respiramos, para limitar la propagación de un virus respiratorio? Porque carecíamos de un programa de gestión del cambio bien diseñado a nivel federal, estatal y local que se ejecutara consistentemente para cambiar las actitudes y el comportamiento de diferentes subgrupos de la sociedad. Los efectos de una gestión fallida del cambio son evidentes.

La declaración de su marca es: "Un experto en gestión del cambio global que ayuda a los líderes y sus equipos a alcanzar sus objetivos personales y comerciales, brindándoles experiencia en cambio y desarrollo de habilidades". Usemos como ejemplo esta declaración de marca para analizar los tres elementos esenciales en toda declaración: fortalezas, valores y destreza.

Phil es consciente de que disfruta brindar asesoramiento y desarrollar habilidades en equipos ejecutivos a través de capacitación, entrenamiento y tutoría, y de verlos triunfar en la transformación que emprendieron. Sus fortalezas y motivadores están bien alineados con su experiencia. Phil también continuó invirtiendo en su aprendizaje. Diez años después de obtener su licenciatura en comercio, regresó a la universidad para obtener un Diplomado en Educación de Adultos para perfeccionar sus habilidades como entrenador de líderes empresariales.

Desde una perspectiva de valores, dos de sus valores fundamentales son el servicio y la empatía. Están incorporados implícitamente en la declaración de su marca a través de la palabra "ayuda" y al incluir los objetivos personales de su cliente, no sólo los objetivos de la empresa. Su trabajo a menudo se expande e incluye brindar apoyo a las personas, permitiéndoles dar lo mejor de sí mismos durante una fase de cambio organizacional significativo. Estos valores también lo llevaron a trabajar pro-bono con organizaciones sin fines de lucro.

Phil construyó una sólida marca profesional a lo largo de su carrera dedicando tiempo y esfuerzo a desarrollar su experiencia después de treinta años de liderar y gestionar el cambio en sesenta países y liderar más de treinta grandes iniciativas de cambio en múltiples industrias.

Una de sus mayores iniciativas implicó codirigir la integración posterior a la fusión de Kraft y Cadbury en sesenta países, donde supervisó la armonización y creación de políticas, procesos administrativos y de atención al cliente, e incluso cultura. Phil explica que adquirió una profunda destreza acumulando experiencias, probando ideas, cometiendo errores, pidiendo consejo a los líderes, logrando victorias y haciéndolo en muchas organizaciones e industrias. Algo digno de mención, es que adquirió experiencia al aceptar una invitación desafiante, como exploramos en el capítulo 4: le pidieron que dirigiera RRHH para Canadá y, a pesar de que carecía de experiencia en gestión de RRHH, ¡lo aceptó!

Una cosa es definir tu marca y otra cosa es activarla. La activación de una marca es el proceso mediante el cual un especialista de mercadeo ejecuta actividades destinadas a generar y aumentar conciencia de la marca, para que los consumidores la tengan en mente y así incremente su posibilidad de compra. Phil hace esto de manera brillante. Ha escrito más de trescientas publicaciones en blogs, lanzó un podcast enfocado en la gestión del cambio, realiza charlas en universidades, y escribió dos premiados libros: Change with Confidence y Change on the Run. La activación de la marca no es un esfuerzo temporal, sino continuo.

La marca de Phil también ha evolucionado con el tiempo. Cuando le pregunté sobre su marca hace muchos años, cuando recién comenzaba su viaje, me explicó: "Oh, aunque mi trabajo era similar, era mucho más aislado. Me concentré en mi equipo inmediato y no en los esfuerzos organizacionales holísticos. También estaba más preocupado por mi propio desempeño y menos por servir a los demás. En aquel entonces carecía de algunas habilidades que he desarrollado y perfeccionado a lo largo de los años". Sí, incluso la sólida marca profesional de Phil ha evolucionado con el paso del tiempo. Tu desafío es gestionar la evolución de acuerdo con la estrategia que has trazado para tu carrera.

En resumen, cuando pienso en gestión del cambio, o alguien me pregunta si conozco a algún experto en el tema, pienso en Phil Buckley. Eso es lo que necesitas crear, la asociación reconocida de tu nombre con lo que ofreces como profesional.

Phil puede ser o no el mejor gurú de la gestión del cambio en el hemisferio occidental. Pero es el mejor de mi red, y es todo lo que él necesita. Con mi convicción, él sabe que lo recomendaré cuando alguien que conozco esté buscando dichos servicios. Lo mismo se aplica a ti: no necesitas ser el mejor del mundo, solo uno de los mejores en el mundo de tus contactos. El problema es que a veces somos uno de los mejores en la red de muchos, pero no somos los primeros en su mente porque hacemos un mal trabajo comercializando nuestra marca. ¡No dejes que esto te pase a ti!

¿Cuál es la mía?

Un ejemplo más: Alejandro es *un líder eficaz y un 'thought partner' que resuelve problemas estratégicos complejos para crear valor tangible en la industria de alimentos y bebidas.* Esa es mi declaración de marca actual. Entonces, si una empresa de alta tecnología necesita ayuda para resolver problemas tecnológicos en una planta de fabricación de motocicletas, o diseñar una nueva campaña publicitaria, obtendrán mejores resultados con personas con las que puedo conectarlos. Pero si una empresa de alimentos y bebidas necesita ayuda para crear estrategias de negocios para ganar participación de mercado, aumentar sus márgenes, mejorar un proceso multifuncional, identificar las causas fundamentales del bajo rendimiento, transformarse o decidir entre opciones estratégicas, yo sería una excelente opción.

En cuanto a los rasgos personales, ten en cuenta que no los menciono explícitamente, sino que los incorporo de manera implícita:

- Fortalezas: Analítico, aprendiz y responsable.

- Motivadores: Impacto, aprendizaje, desafío, resolución de problemas y sobresalir

- Valores: Trabajo duro/diligencia, conocimiento, intelectualismo y empatía

Phil hizo lo mismo con sus valores de servicio y empatía. No necesitas insertar muchos adjetivos artificialmente, sabrás que es coherente cuando tu propuesta esté conectada lógicamente con tus fortalezas, motivadores y valores. Así como Phil no puede ser un buen coach para ejecutivos que lideran la transformación si no es empático y está orientado al servicio, yo no puedo ser un buen solucionador de problemas sin un deseo genuino de aprender cosas nuevas, aprender de los desafíos, ser analítico y generar impacto.

La razón por la que ser un líder eficaz y un *thought partner* son elementos de la declaración de mi marca, es porque creo que tener gran habilidad en la resolución de problemas no es suficiente para diferenciarme en mi mundo. Si fuera genial en eso, pero también un arrogante incapaz de gestionar y liderar equipos, o incapaz de proporcionar otros servicios estratégicos, no sería la persona elegida. Debes estar completo en habilidades duras y blandas para ser competente y agradable. Según un artículo de Harvard Business Review, las 'adorables estrellas' son personas de buen rendimiento que son altamente necesitadas, y los 'imbéciles competentes' resultan, en su mayoría, evitados, a pesar de sus buenos resultados[2]. Por eso, no se trata sólo de tu pico principal y de lo que traes a la mesa, sino qué tan bien complementas dicho pico y qué tipo de líder o seguidor eres. Apuntemos a ser competentes y amables.

Gestionando la evolución

Las marcas personales pueden y deben evolucionar con el tiempo. A medida que maduras profundizas en un campo de especialización, amplías tu experiencia y perfeccionas rasgos clave. A veces incluso te reinventas, como cuando cambias de carrera. Si ahora creo una marca para el Alejandro de antes de la escuela de negocios, sería algo así como: *un profesional altamente dedicado, de rápido aprendizaje, orientado a resultados y enfocado en gestionar y mejorar los sistemas de calidad en la producción de alimentos*. Desde entonces, la escuela de negocios me ayudó a ampliar mi conjunto de habilidades técnicas a las comerciales. Múltiples roles cambiaron mi enfoque, la gestión de equipos en todo el continente perfeccionó mi eficacia de liderazgo, y así sucesivamente. Aunque los calificativos del joven Alejandro aún se aplican, elijo enfatizar otras fortalezas como la

---

[2] T. Casciaro y M. Sousa Lobo. Junio de 2005. "Competent Jerks, Lovable Fools, and the Formation of Social Networks". *Harvard Business Review*.

capacidad para liderar equipos y mi capacidad para entregar beneficios financieros a las empresas para las que trabajo.

Dentro de unos años, mi marca evolucionará aún más, y eso está perfectamente bien. Es necesario ser estratégico en esa evolución. A continuación, nos enfocaremos en cómo definir tu marca. Esto te ayudará a determinar las acciones necesarias a tomar de ahora en adelante para crear esa diversificación, profundidad y cambio que tu futura marca requiere de ti.

¿Cuál es la tuya?

Después de revisar la marca de Phil y la mía, pasemos a la tuya. Para crear tu marca, necesitas conocerte bien a ti mismo. Determina qué fortalezas, valores y destrezas es preferible mostrar; esto depende de tu objetivo general y de quién es la audiencia de ese mensaje. Por ejemplo, si quisiera un nuevo rol en la integración posterior a una fusión, lo mencionaría en lugar de estrategia o resolución de problemas. Tengo esa experiencia, pero no es exactamente cómo quiero posicionarme en el futuro. Entonces, ¿qué escoges?

Pico(s) principal(es):   Valores: Destrezas:

_______________________   _______________________   _______________________

_______________________   _______________________   _______________________

_______________________   _______________________   _______________________

Luego, valida tus pensamientos hablando con personas que te conocen bien y que pueden ofrecerte comentarios directos e imparciales. Según lo que aprendas, refina los descriptores clave. Ahora, crea tu declaración de marca. Siéntete libre de validarla una vez más: debes asegurarte de que refleja con precisión quién eres *hoy*.

Mi declaración de marca *actual* es:

____

____

Ahora, ¿qué haces con tu declaración de marca? Úsala como recordatorio para ayudarte a tomar el curso de acción correcto, como por ejemplo: qué oportunidades buscar para perfeccionar aún más tus habilidades, que capacidades y habilidades deberías reforzar, etc. Menciónalo en tus conversaciones para comenzar a comercializar tu identidad profesional. Tu marca no es lo que aspiras ser, sino que es lo que eres ahora: debes respaldarla esta semana y la próxima, o los clientes insatisfechos no recomendarán tu marca en el corto plazo. Tu declaración de marca no debe ser ni aspiracional ni futura.

Sin embargo, empieza a pensar ahora cómo quieres que evolucione tu marca y cuándo.

En ___ años, mi declaración de marca debería ser:

____

____

Un elemento clave que debería influir en esa evolución es comprender qué características se valoran en tu organización o campo actual, o en cualquier organización a la que aspiras unirte. Una vez que puedas nombrar los atributos clave para ser un profesional aún más impactante en tu organización, sea actual o futura, evalúa la brecha en comparación con los atributos de tu marca actual. Si hay una brecha, tradúcela a un plan de acción y busca oportunidades para aprender y dominar esas habilidades deseadas a través del aprendizaje, el entrenamiento, la práctica e incluso la enseñanza. Así es como tu marca te ayuda a identificar qué inversiones hacer en ti mismo. Cuando alcances un nuevo nivel de dominio, podrás actualizar tu marca como corresponde.

Por último, recuerda que debes estar a la altura de tu marca. Lo que haces, lo que dices, lo que no haces y lo que no dices puede construir o erosionar tu marca. Por ejemplo, imagina a un líder de tu organización perdiendo el control e insultando a un colega en público, montando una escena. Existe un daño potencial a su marca y el respeto perdido es difícil y lento de recuperar, si es que se puede recuperar. Al respecto, Warren Buffett dice: "Se necesitan 20 años para construir una reputación y cinco minutos para arruinarla. Si piensas en eso, harás las cosas de manera diferente".

En resumen

Debes crear la asociación de tu nombre con un tema que domines de la misma manera que yo asocio a Phil con la gestión del cambio. Defina tu marca, desempéñate a la altura, refuérzala e invierte siempre en aumentar el valor de tu marca. Tus rasgos, valores y experiencia clave ayudan a dar forma a tu marca. Se necesita tiempo para construir una marca valiosa. Cuídala y piensa estratégicamente cómo debe evolucionar. Como un experto en mercadeo, genera iniciativas apropiadas de activación de marca para mantener tu marca en la mente de otros.

"Todos debemos comprender la importancia de la marca. Somos presidentes de nuestras propias empresas: Yo, S.A. Para estar en el negocio hoy, nuestro trabajo más importante es ser jefe de mercadeo de la marca llamada Yo".

—Tom Peters, escritor y gurú de los negocios estadounidense

Puntos clave: Define tu marca

- Debes definir tu marca antes de que otros lo hagan por ti.

- Tu marca está compuesta por tus fortalezas, destrezas y valores.

- Tu marca ayuda a transmitir lo que aportas, te ayuda a diferenciarte y sirve como recordatorio de qué inversiones realizar y qué caminos tomar.

- Es muy probable que tu marca evolucione. No dejes que eso pase al azar, planifica bien esa evolución.

Autoevaluación

¿Qué afirmación te describe mejor? Encierra en un círculo la letra correspondiente.

a) No he diseñado y creado una marca profesional para diferenciarme. Hay muchos con mis mismas habilidades en mi organización.

b) Tengo una buena idea de cuál es mi marca profesional, pero necesito ser más estratégico a la hora de diseñarla, comunicarla y planificar su evolución.

c) Poseo una marca profesional clara que utilizo para comunicar mi propuesta de valor. Estoy imaginando cómo evolucionará en los próximos tres a cinco años y estoy tomando pasos para lograrlo.

Acciones a tomar

- Si te saltaste los ejercicios anteriores que definen tu marca actual y futura... buen intento, pero ahora te toca.

- Escribe las palabras clave que crees son más apropiadas para describir lo que aportas basado de tus **fortalezas**:

  _______________________, _______________________, _______________________,

  _______________________, _______________________, _______________________,

  _______________________, _______________________, _______________________,

- Ahora, encierra en un círculo las más impactantes y relevantes según tu contexto.

- Escribe las palabras clave que crees que son más apropiadas para describir lo que aportas basado en tus **valores**:

  _______________________, _______________________, _______________________,

  _______________________, _______________________, _______________________,

  _______________________, _______________________, _______________________,

- Ahora, encierra en un círculo las más impactantes y relevantes según tu contexto.

- Escribe las palabras clave que crees son más apropiadas para describir lo que aportas basado en tus **destrezas** o experiencia:

_____________________, _____________________, _____________________,

_____________________, _____________________, _____________________,

_____________________, _____________________, _____________________,

- Ahora, encierra en un círculo las más impactantes y relevantes según tu contexto.

- Obtén comentarios de personas que te conocen bien. Pregúntales qué creen te ayuda a destacarte. Valida las palabras que circulaste.

- Ahora, con mayor claridad sobre tus fortalezas, valores y destrezas, elabora una primera versión de tu declaración de marca. Es posible que debas revisarlo con personas de tu confianza hasta que logre describirte con precisión.

____

____

- Piensa en cómo quieres que evolucione tu marca y para cuando. En __ años, mi declaración de marca debería ser:

____

____

- Continúa invirtiendo en los atributos clave de tu marca de manera consistente con tu evolución planificada.

- Con el tiempo, revisa y ajusta tu marca para capturar mejor las nuevas y mejoradas versiones de ti.

Fin de la Parte II

Hemos terminado de explorar cómo adoptar la mentalidad adecuada para tu viaje y cómo construir una marca atractiva que te diferencie en tu campo. Ahora exploraremos cómo ser más efectivo en progresar en tu carrera.

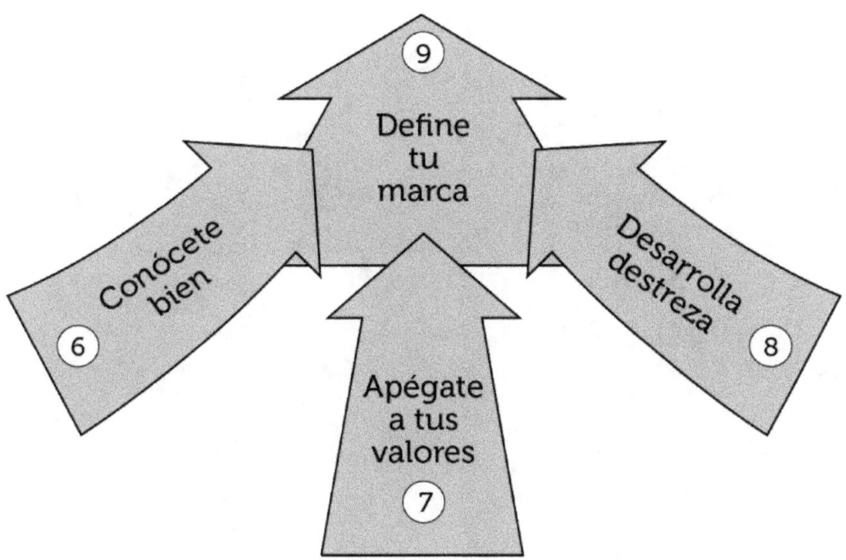

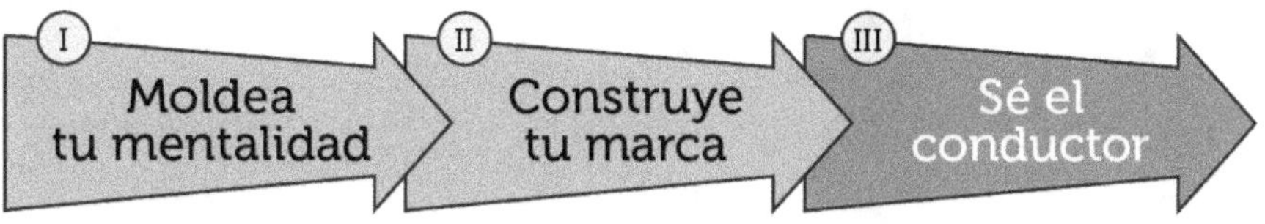

PARTE III

Sé el conductor

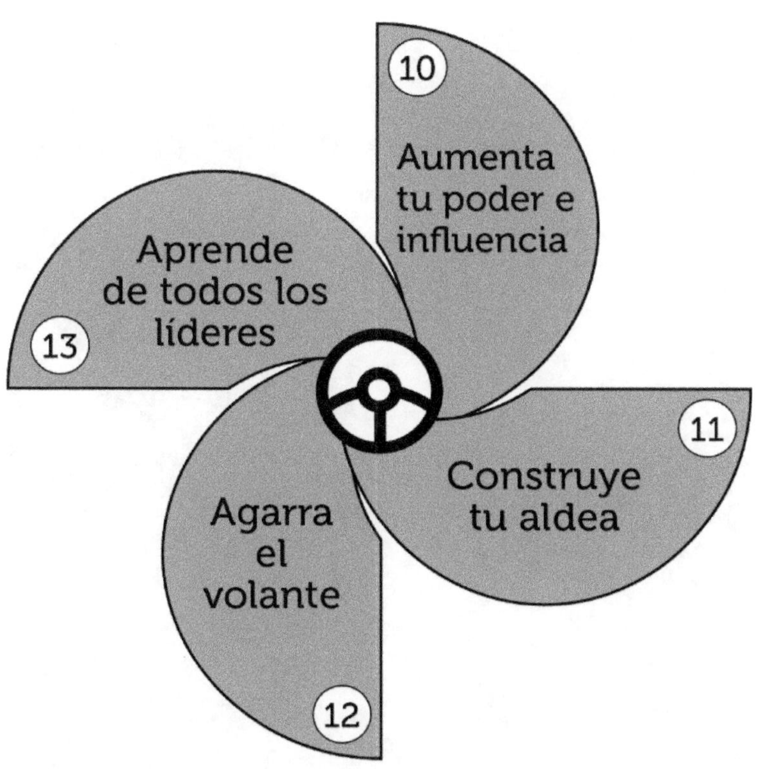

CAPÍTULO 10

Aumenta tu poder e influencia

"Antes de trabajar como consultor de Kennedy, creía, como la mayoría de los académicos, que el proceso de toma de decisiones era en gran medida intelectual y que todo lo que uno tenía que hacer era entrar a la oficina del presidente y convencerlo de la exactitud de mi punto de vista. Pronto me di cuenta de que esta perspectiva es tan peligrosamente inmadura como ampliamente sostenida".

—Henry Kissinger, exsecretario de Estado de Estados Unidos (1923-2023)

¿Por qué deberías?

Algunas personas piensan que todo lo que necesitan hacer es agachar la cabeza y generar excelentes resultados para lograr el éxito. El poder y la influencia son temas delicados para muchos, porque son fácilmente malinterpretados como algo negativo, y por eso muchos lo evitan. En algunas culturas, incluyendo América Latina, se evita hablar de esto y no se enseña. Algunos hasta asocian la búsqueda de poder con políticos sucios (ya estamos acostumbrados a eso y podemos estar de acuerdo que los odiamos). La profesora Alison Fragale, psicóloga organizacional y profesora de Poder e Influencia en la escuela de negocios Kenan-Flagler de la Universidad de Carolina del Norte, explicó en mi podcast por qué la mayoría de las personas prefieren evitar tocar el tema:

- Culturalmente, no nos gusta hablar de eso. Una frase de Rosabeth Moss Kanter, profesora de la escuela de negocios de Harvard, lo capta bien al decir: "El poder es la última mala palabra de Estados Unidos. Es más fácil hablar de dinero y de sexo, que hablar de poder".

- La narrativa del sueño americano afirma que si trabajas duro, puedes tener éxito. Lo que se malinterpreta como un mito del individualismo: "Si hago un buen trabajo, seré recompensado. Si soy recompensado por cualquier otra razón que no sea mi propio mérito, significa que no soy digno de dicha recompensa".

Porque la decisión de implementar tu recomendación, o contratarte, o de incluirte en ese proyecto genial, o de darte esa asignación internacional, o de promoverte, o de darte ese aumento bien merecido son decisiones que toman otras personas, debes estar bien versado en la dinámica de poder e influencia para poder crecer en tu campo. Este es un principio clave para el crecimiento profesional, incluso si es un tabú. Puede descarrilarte o impulsarte. Esto es algo que no entendí del todo hasta que comencé a estudiarlo en la escuela de negocios, y ahora compartiré mis hallazgos y aprendizajes contigo.

Como yo, eres parte de una organización: un equipo, una empresa, una universidad o una institución gubernamental. Nos guste o no, debemos darnos cuenta de que las organizaciones son entidades políticas, y que el poder, la influencia y la política se utilizan para lograr los objetivos de la organización y del individuo. Los objetivos que perseguimos pueden ser positivos o negativos, pero el poder es neutral.

Comencemos con dos definiciones clave:

1. El **poder** es la capacidad de cambiar el comportamiento de las personas. Esa habilidad viene de algo que posees en ese momento.

2. La **influencia** es el conjunto de acciones mediante las cuales las personas utilizan su poder para cambiar conductas o actitudes.

En otras palabras, el poder es un *sustantivo*, algo que posees y que no siempre utilizas. Influencia es un *verbo*: una acción que realizas. Cuanto más poder tengas, más influyente podrás ser. El poder y la influencia te ayudan a completar y lograr cosas en tu organización, por lo tanto… ¡son tus amigos! Necesitas aprender a influir en los demás, porque el éxito depende de qué tan bien trabajas con los demás y a través de ellos. Si poseo la mejor idea y la solución adecuada para resolver un problema empresarial crítico, pero no puedo influir en otros para que la apoyen e implementen… ¡no genero valor para mi organización! Esto fue especialmente cierto para mí como director de desarrollo de operaciones para América en Cadbury. Tuve que trabajar con varios equipos de países repartidos por todo el continente, desde Toronto hasta Buenos Aires para lograr los resultados esperados que mi equipo corporativo imaginó.

Los beneficios de ser percibido como influyente y conocedor de las dinámicas de poder dentro de tu organización o campo son:

- Tienes menos probabilidades de enfrentar oposición, y por lo tanto, puedes hacer las cosas de manera más eficiente

- Construyes una reputación de ser alguien confiable que completa el trabajo asignado

- Recibes desafíos y oportunidades más estimulantes

- Estás mejor equipado para generar y liderar el cambio

- Tienes más facilidad para conseguir aliados y seguidores

- Obtienes acceso a mentores con más poder

- Obtienes más oportunidades de capacitación

- Disfrutas de una mayor satisfacción laboral

¿Quién no querría gozar de estos beneficios? En esencia, el poder y la influencia construyen tu reputación como alguien de alto desempeño porque te ayudan a obtener resultados. Cuando haces que tu jefe y tu equipo luzcan bien, tú luces bien.

Para tener éxito en una organización, Jeffrey Pfeffer, profesor de comportamiento organizacional en la escuela de negocios de la Universidad de Stanford, propone en *Managing With Power* que se necesita inteligencia, experiencia, impulso y una buena capacidad de habilidades políticas en relación con las habilidades políticas que tu posición requiere[1]. Dependiendo de tu función, puedes salirte con la tuya aun teniendo poco poder, pero a medida que alcanzas una posición de mayor liderazgo, esto se convierte en una habilidad clave de la que no se puede prescindir. Por ejemplo, un director de informática necesita mucha más influencia y poder para ser eficaz que uno de sus analistas programadores, cuyo desempeño depende en gran medida de las habilidades técnicas. Esta analogía también ilustra otro concepto confirmado por la profesora Fragale: cuanto más alto se asciende en la jerarquía, más relevantes se vuelven

[1] J. Pfeffer. 1992. *Managing with Power.* Harvard Business School Press.

el poder y la influencia. Por lo tanto, no sólo lo necesitas ahora, sino que tendrás que volverte más competente a medida que crezcas. Ahora que hemos aclarado la importancia del poder y la influencia para lograr un objetivo específico dentro de tu organización y, más importante aún, en tu carrera, exploremos cómo puedes identificar fuentes de poder dentro de tu organización y así aumentar tu poder.

Entendiendo el panorama

Dentro de tu organización, el poder no se distribuye de manera equitativa. Algunos equipos, departamentos, unidades de negocio o individuos tienen más poder que otros. Tu primera tarea es comprender la situación: identificar el poder relativo de las personas y los equipos que te rodean y comprender sus intereses. De manera pragmática, puedes hablar con la gente, hacer las preguntas correctas y observar. Hay técnicas más sofisticadas, pero hagámoslo simple.

Escucharás historias como: "Vaya, el jefe de la cadena de suministro quedó destrozado en la reunión ejecutiva, aunque el problema parece haber sido causado por el equipo comercial. ¡El CEO lo trata como ciudadano de segunda clase!". Esto es algo que yo dije hace muchos años después de presenciarlo en vivo en una organización donde el CEO no valoraba las contribuciones del equipo de la cadena de suministro. También podrás escuchar: "Lucia acaba de añadir otro equipo a su organización y algunos de los mejores talentos se unieron a ella". O algo así: "Nuestro presupuesto acaba de ser recortado, pero aumentaron significativamente el presupuesto de Walter". ¿Notas el patrón? Estos son ejemplos de diferencias o cambios de poder relativo. Algunos no son tan obvios y requieren de mayor investigación y capacidad de observación.

Puedes evaluar el poder relativo en tu organización obteniendo información sobre:

- **Indicadores reputacionales**: pregunta y saca conclusiones basadas en la reputación de los equipos e individuos. ¿Quién tiene la atención y la confianza del líder de tu organización?
- **Indicadores representacionales**: saber qué equipos o funciones están sobrerrepresentadas en los comités clave y quién está presente cuando se toman las decisiones más importantes.

- **Resultados de las decisiones**: observa quién se beneficia de las decisiones corporativas cuando se reasignan fondos, se otorgan ascensos, se aprueban iniciativas, se reestructuran equipos, etc.

- **Símbolos de poder**: observa quién tiene mejor espacio físico (mejores vistas u oficinas más grandes) o los mejores beneficios.

Una vez que sepas más sobre cómo se distribuye el poder en tu organización, el siguiente paso es comprender los intereses de las diferentes partes, especialmente en asuntos que te conciernen. ¿Quién es probable que bloquee tus intereses? ¿Por qué? ¿Quién probablemente apoye tus intereses? ¿Por qué? Sin este conocimiento, te resultará más difícil negociar para implementar tus ideas.

Ahora necesitas elaborar una estrategia para conseguir que equipos o individuos poderosos te apoyen y para neutralizar a los bloqueadores. Esta no es una actividad maquiavélica: es sentido común para hacer oír tu voz y garantizar que tus recomendaciones se implementen. Necesitas pensar en cómo hacerles entender que tu idea sobre un tema de trabajo, o incluso de tu progresión profesional, respalda sus propios intereses.

Identifica los lugares correctos

La ventaja de prepararte es que aprenderás quién tiene más poder, pero la desventaja es que puedes aprender que no estás en un equipo de alto poder. Según *Power, Influence, and Persuasion*, trabajar para un gerente con influencia confiere un aura de estatus y aporta visibilidad, movilidad y recursos, pero la impotencia de la falta de poder tiende a generar carácter mandón en lugar de verdadero liderazgo" y "trabajar para un jefe impotente es como estar en la oscuridad exterior"[2]. ¿Para cual tipo de gerente prefieres trabajar?

Los equipos con mayor poder...

- Están más cerca de las iniciativas prioritarias de la organización

- Están más cerca de la información clave

- Tienen mayores presupuestos

---

[2] 2005. *Power, Influence, and Persuasion.* Harvard Business School Press.

- Fácilmente atraen y retienen al mejor talento y promueven más rápido

- Tienen más acceso a entrenamientos

- Podrían tener mayores y mejores espacios de oficina y otros beneficios

- Tienen una mayor remuneración y un crecimiento más rápido para sus miembros

De hecho, un estudio de 338 gerentes demostró este último punto: los empleados que comenzaron sus carreras en departamentos de mayor poder mostraron un movimiento más rápido a través de la organización, y el poder del departamento inicial juega un papel continuo en el salario en la progresión profesional[3].

En varias empresas aprendí sobre las brechas salariales en personas con el mismo título y antigüedad, pero en diferentes funciones. Por supuesto, tu departamento de recursos humanos no te enviará por correo electrónico una hoja con detalles de compensación si la solicitas, pero eventualmente podrás recopilar esa información. Lección clave: es importante estar en el equipo adecuado si deseas acceder a más presupuesto, mejor capacitación, ascensos más rápidos, mayor compensación, mayor impacto, más exposición y demases.

Una vez que comprendas qué grupos tienen más poder, no te detengas allí. Esto es sólo una instantánea del estado actual de la situación. Lo que debes hacer ahora es trata de comprender cómo podría estar evolucionando ese poder.

Aquellos que hoy tienen la ventaja de poder, ¿la tendrán en dos años? ¿y qué tal en cinco? Es difícil saberlo con certeza, pero si eres lo suficientemente interesado podrás identificar tendencias y patrones, y visualizar hacia dónde se dirige el poder. Esta podría ser información útil para planificar cambios profesionales internos. Es posible que tengas que decidir entre el Equipo X, que tiene más poder ahora, o el Equipo Z que tiene menos, pero está haciendo movimientos correctos para aumentar su base de poder.

Como ilustra la Figura 10.1, existen dos tipos de fuentes de poder. Siguiendo la figura, debes avanzar hacia la derecha aumentando tus fuentes de poder individual y

[3] JE Sheridan, JW Slocum, Jr., R. Buda y RC Thompson. 2017. "Effects of Corporate Sponsorship and Departmental Power on Career Tournaments". *Academy of Management* 33, no. 3, páginas 578–602.

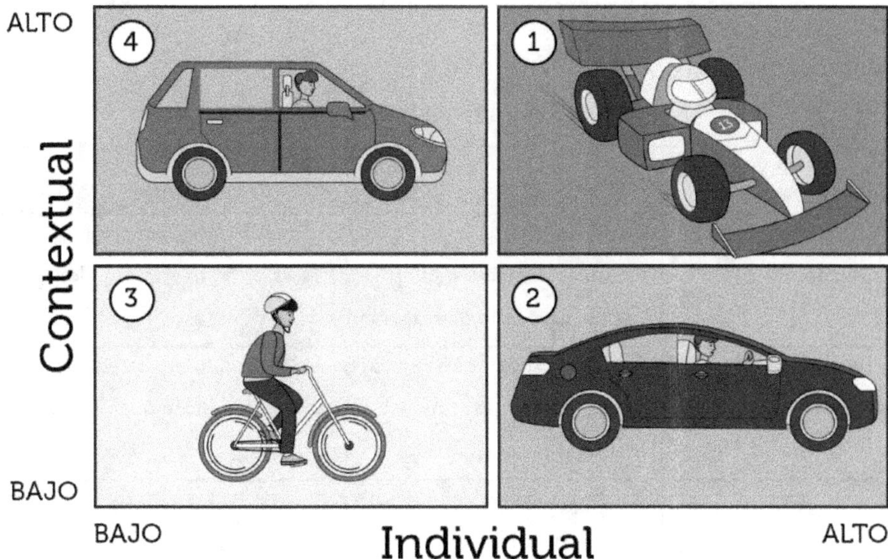

Figura 10.1 Matriz de poder El camino hacia Champaña©

hacia arriba aumentando tus fuentes de poder contextual. Las fuentes de poder individual dependen de ti y de tus destrezas y capacidades. Las fuentes de poder contextual dependen de tu posición dentro de tu organización o industria.

Hay formas de acercarse al territorio de los Automóviles de Carrera (zona #1) y, por lo tanto, llegar a tu Champaña más rápido. Todos nos encontramos en diferentes lugares, y lo importante es tener conocimiento sobre este tema para pensar estratégicamente cómo aumentar tus fuentes de poder. Yo he estado en los cuatro cuadrantes. No, no entres en pánico si no estás donde necesitas estar.

Yo creo que el auto en la zona #2 es más rápido que el de la zona #4. Si estás en la zona #4 y te mueves a un equipo con menor poder, ingresas al territorio de la Bicicleta porque aún no has desarrollado bien tus fuentes de poder individual. Por eso, yo preferiría estar en la zona #2 en lugar de en la zona #4... ¡Significa que construiste sólidas fuentes de poder individual, y un cambio al equipo correcto te lleva a la zona #1!

Tus fuentes de poder y tus brechas

Según mi experiencia e investigación, las principales fuentes de poder individual y contextual que puedes aprovechar se resumen en la Tablas 10.1 y 10.2 a seguir.

Tabla 10.1 Fuentes de poder individual

Fuente	Descripción
Conciencia de la dinámica	El conocimiento es poder, especialmente tu comprensión de la dinámica de poder de tu organización. Si no lo comprendes, no podrás navegarlo de manera efectiva.
Reputación y récord	Cumplir y superar las expectativas aumenta tu credibilidad y poder. Esta es una fuente clave para ti, ¿y adivina qué? Tú lo controlas completamente.
Destreza enfocada	Un estudio reveló que "la destreza particular adquirida al enfocarse en una gama limitada de temas de negocio es útil para construir una base de poder y alcanzar el éxito"[4]. Esto refuerza lo que se aborda en el capítulo 8.
Inteligencia emocional	Irónicamente, comprender los intereses y posiciones de los demás no sólo te ayuda a relacionarte con ellos, sino que también te ayuda a lograr tus propios intereses. ¡Doble golpe!
Comerciabilidad	Si eres de alto rendimiento y tienes opciones, aumentarás tu poder de negociación en lo que respecta a oportunidades.
Atracción	Ser percibido como carismático, atractivo, admirado, bien hablado y conocedor aumenta tu poder. El atractivo físico también influye; debemos cuidar de nuestra ropa, peinado, higiene personal, etc.
Relaciones	Según Poder, Influencia y Persuasión, mantener relaciones con personas influyentes o ser parte de coaliciones afecta tu poder[5]. ¡Más en el próximo capítulo!
Tolerancia al conflicto	Si evitas el conflicto, te resultará más difícil conseguir lo que deseas. Debes estar dispuesto a participar en un conflicto saludable para defender la posición correcta.
Habilidad aguda de influencia	Ser hábil para aplicar múltiples estrategias y tácticas de influencia y negociación mejora tu poder.

[4] 2005. *Power, Influence, and Persuasion*. Harvard Business School Press.

[5] JE Sheridan, et al. 2017. "*Effects of Corporate Sponsorship and Departmental Power on Career Tournaments*". Academy of Management 33, no. 3, páginas. 578–602

Tabla 10.2 Fuentes de poder contextual

Fuente	Descripción
Estar en equipo correcto	Estar en un equipo más poderoso dentro de tu organización aumenta tu poder. Otros te asocian con el poder del equipo al que perteneces.
Posición en la red de comunicación	Cuanto más conectado es tu equipo al flujo de comunicación de la organización, mayor será tu acceso a información clave; esto aumenta el poder.
Autoridad	Un título o posición más grande te da más poder, especialmente si estás en el equipo adecuado. Esa promoción importa. Además, los apellidos importan si te asocian con personas poderosas. Pero no dependas de esta fuente de poder, puede afectar la moral a tu alrededor e incluso ser contraproducente.
Recursos	Administrar recursos clave como personas, conocimientos y fondos que otros necesitan aumenta tu poder. La gente no quiere estar en tu lista negra por miedo a tener menos acceso a los recursos que necesitan.

Ahora, hagamos una evaluación de poder. Date una puntuación objetiva del 1 al 10 en cada fuente de poder. Sé honesto contigo mismo y, potencialmente, solicita comentarios a colegas de confianza. Con una sólida conciencia de ti mismo (como se explica en el capítulo 6), podrás hacerte una idea precisa de tus fuentes de poder. Omite la columna Brecha por ahora, después volveremos a ella.

- Individual   Puntaje: Brecha:
    - Conciencia de la dinámica   ______   ______
    - Reputación y récord   ______   ______
    - Destreza enfocada   ______   ______
    - Inteligencia emocional   ______   ______
    - Comerciabilidad   ______   ______
    - Atracción   ______   ______
    - Relaciones   ______   ______
    - Tolerancia al conflicto   ______   ______
    - Habilidad aguda de influencia   ______   ______

- Contextual
    - Estar en el equipo correcto ______   ______
    - Posición en la red de comunicación ______   ______
    - Autoridad ______   ______
    - Recursos ______   ______

Actualmente, ¿eres fuerte en varias de estas fuentes de poder? ¿Hay algunas que necesitas mejorar? Es difícil dominar todas. Piensa estratégicamente qué fuentes estás mejor posicionado para fortalecer y utilizar en el futuro; esto depende de tu organización y función actual y de los requisitos de poder de tu próximo paso deseado. Sin embargo, aspira y trabaja adecuadamente para dominar la mayoría de las fuentes.

- Para cada fuente de poder, determina qué tan grande es la brecha en relación con un objetivo de rendimiento de 7.5 (es decir, el punto medio entre el centro de la escala y el extremo derecho) restando tu propia puntuación del 7.5 (por ejemplo, 7.5 – puntaje 5 = brecha 2.5. Deja la diferencia en cero si tienes puntaje superior a 7.5): escríbelo en la última columna arriba.
    - 7.5 es mi objetivo generalizado, aunque puedes bajar o subir dependiendo de las necesidades de tu posición.
    - Si ya estás cerca del objetivo, ¡fantástico! Seguro que puedes mejorar, pero yo concentraría esa energía en otra parte.
- Encierra en un círculo tus tres brechas más grandes.
- Ajusta tu priorización reorganizando el orden en función de qué fuentes de poder se valoran o estiman más en tu organización. Por ejemplo, si tienes dos brechas de tamaño similar en Relaciones y Tolerancia al conflicto (y en tu organización "a quién conoces" es fundamental para el éxito), concéntrate en mejorar la fuente de poder de Relaciones.
- Resume aquí qué fuentes priorizas:
    - Prioridad 1: ______________________________
    - Prioridad 2: ______________________________
    - Prioridad 3: ______________________________

Cómo moverte hacia la derecha

Como se ilustra en la Figura 10.2, es posible avanzar hacia la derecha de la matriz y aumentar tus fuentes de poder individual.

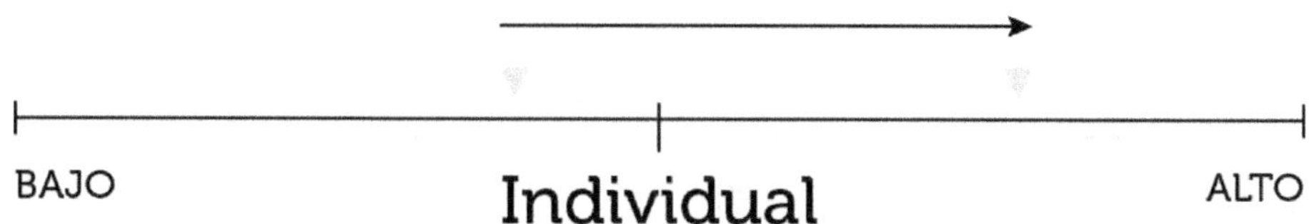

Figura 10.2 Eje del poder individual

No hay ningún secreto, sólo necesitas pensamiento estratégico, planificación consciente y acción. En la Tabla 10.3 exploremos algunos pasos concisos pero tangibles que puedes tomar para aumentar tu poder individual, manteniendo el enfoque en tus prioridades recién descubiertas.

Después de mi pasantía de verano en la escuela de negocios en Kearney y antes de unirme a ellos a tiempo completo como asociado, evalué mis fuentes de poder para pensar estratégicamente sobre mi enfoque para tener éxito allí. La reputación es una enorme fuente de poder en las empresas de consultoría gerencial: influye en las evaluaciones, el progreso y las decisiones sobre la asignación de personal de los proyectos. Entonces, creé un plan de acción para la fuente de Reputación y récord, incluyendo qué reputación quería crear.

Tabla 10.3 Aumentando el poder individual

Fuente	Acción
Conciencia de la dinámica	Obtén más información a través de cursos o libros. Comienza a prestar atención a cómo funciona tu organización.
Reputación y récord	Necesitas brillar y sobresalir constantemente en tu puesto actual. Lo siento, pero no hay atajos. Tu marca debe involucrar excelencia y consistencia.
Destreza	Dedica tiempo y esfuerzo para construir y mantener los picos

enfocada	principales y secundarios.
Inteligencia emocional	Entrenar y estudiar son clave. Continúa mejorando: sé siempre un trabajo en proceso en esta área.
Comerciabilidad	Crea una marca que sea transferible a otros equipos u organizaciones. Cuanto mayor sea la demanda de tus servicios, mayores serán tus opciones y esto aumentará tu poder.
Atracción	Entiende qué rasgos son bien valorados en tu organización y aplícalos.
Relaciones	Establece buenas relaciones con las personas que identificaste como bien conectadas al poder de tu organización. Consigue aliados que apoyen tus ideas. Más en el capítulo 11.
Tolerancia al conflicto	Aprende a separar el conflicto temático del conflicto personal; el conflicto no tiene por qué amargar las relaciones. Dependiendo de lo que estés tratando de lograr, espera diferentes niveles de conflicto. Explora libros o cursos sobre cómo aumentar la tolerancia al conflicto.
Habilidad aguda de influencia	Como cualquier otra habilidad, invierte tiempo para dominarla. Clases, libros y coaching te ayudarán a aplicar múltiples estrategias y tácticas y aprender más.

Decidí que la reputación que quería era ser reconocido por:

- Tener iniciativa y desempeñarme bien en cualquier desafío

- Ser creativo y cooperativo

- Ser admirado y apreciado por los clientes

- Estar interesado en el bienestar y desarrollo de la empresa

Después de construir una buena reputación, estuve mejor preparado para conversar con socios sobre mi interés en participar en su próximo proyecto y, por lo tanto, tenía más control sobre mi carrera. Todos mis colegas y yo necesitábamos hacer las cosas bien para el cliente, la empresa y para nosotros mismos. Por lo tanto, tuvimos que trabajar duro para aumentar nuestro poder y ser más efectivos, comenzando por la Reputación y récord. Identifica correctamente dónde enfocarte dada la dinámica de tu organización.

Cómo avanzar hacia arriba

Ahora exploremos cómo podemos movernos hacia arriba a lo largo del eje contextual, como se muestra en la Figura 10.3.

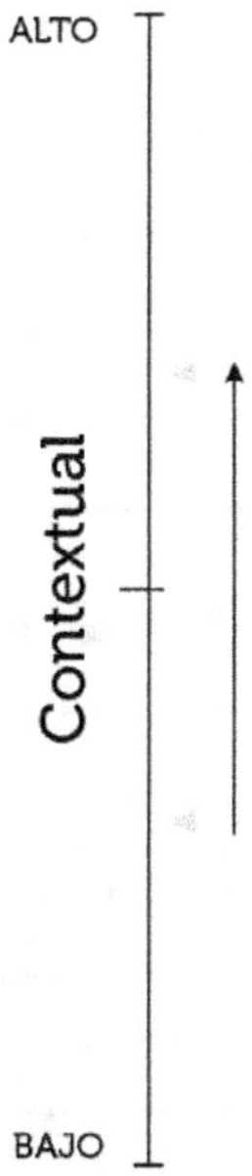

Figura 10.3 Eje del poder contextual

En la Tabla 10.4, encontraremos los pasos que puedes tomar para aumentar tu poder contextual.

Tabla 10.4 Aumentando el poder contextual

Fuente	Descripción
Conciencia de la dinámica	Como se describió anteriormente, identifícalos, apunta a ellos y trabaja para unirte a ellos. Una ruta más extenuante es trabajar para aumentar el poder de tu equipo: esto implica cambiar su alcance, prioridades y posicionamiento.
Reputación y récord	Acércate a personas informadas. Almuerza con ellos, ayúdalos, y forma auténticas relaciones de beneficio mutuo.
Destreza enfocada	Sí, continúa ascendiendo en la organización para obtener posiciones y títulos más importantes. Sin embargo, no confíes en esta fuente. Usar tu título frustra a la gente. Convéncelos… no los obligues, aunque puedas.
Inteligencia emocional	Cuando sea posible, escoge posiciones que administren algo de valor para otros (información, personas en demanda, presupuestos, o acceso). Incrementa el alcance de tu rol actual.

Para moverte hacia arriba, es posible que necesites cambiar dónde te encuentras dentro de la organización—o incluso cambiar de organización. Una vez que sepas dónde está el poder, empieza a ejercitar tus habilidades de influencia y acércate a él. Conoce a los líderes y tus colegas, ofrece ayudarles en sus proyectos e iniciativas e identifica un rol en el que puedas conectarte al flujo de comunicación. Esto te expondrá a temas candentes que importan y te conectará con personas influyentes que pueden tener un impacto positivo en tu carrera.

Si todavía estás un poco escéptico acerca de la importancia del poder y la influencia, déjame recordarte que la alternativa es observar como otros abordan los temas que te interesan por que no tuviste la exposición y la autoría necesaria.

Una premisa importante es que tú y yo tenemos habilidades transferibles. Si eres un especialista en informática, es probable que permanezcas en el departamento de TI de tu organización, independientemente de tu base de poder. Sin embargo, tu próximo paso puede ser hacia un proyecto o equipo de TI altamente visible, o incluso hacia una empresa donde TI tenga el mayor poder en relación con otras funciones. Seguro tienes habilidades transferibles para ir más allá de tu alcance actual. Exploremos breves pasos concretos que puedes seguir para aumentar tu poder en cada fuente.

A veces, te reclutan al equipo adecuado, aunque rara vez es cuestión de suerte. Cuando trabajaba en el Grupo Granjas Marinas, fui uno de un puñado de líderes funcionales elegidos para ayudar a diseñar e instalar una nueva planta para exportar camarones cocinados y congelados. Una vez operativa, dirigí el departamento de control de calidad. Este nuevo proyecto se convirtió en el centro de atención de inversores, clientes y líderes. No me di cuenta entonces, pero ese se convirtió en el nuevo centro de gravedad de poder de la empresa.

Veinte años atrás escribí lo siguiente para una tarea de mi clase de Poder y Política en Kellogg: "Tuve la suerte de aterrizar en la unidad más poderosa dentro de la empresa, teniendo una posición perfecta para establecer contactos y exponer mis habilidades ante grupos importantes y poder demostrar a los demás que soy capaz de afrontar cualquier desafío, contribuyendo así a que la empresa tenga éxito. Supongo que en ese momento no estaba tratando de ser estratégico, pero me alegro de haber aprovechado esas oportunidades de la forma en que lo hice, de no haberlo hecho, no estaría aquí". De hecho, tener éxito en la unidad de poder me dio los logros y las referencias adecuadas para ser admitido en Kellogg.

La mayoría de las veces, debes pasar activamente al equipo adecuado. A lo largo de mi carrera, me di cuenta que mi equipo no ocupaba un lugar en la sección VIP del ranking de poder de la organización. Lo que me llamó la atención sobre los equipos más poderosos fue la admiración de otros hacia ellos, su alcance de trabajo, sus emocionantes logros y la trayectoria de crecimiento de sus miembros: las consecuencias de tener poder, no el poder en sí. Por lo general, estos eran los equipos generadores de ingresos, que impulsaban las iniciativas que daban forma al éxito de la empresa, y de donde surgía la mayoría de los ejecutivos de la empresa.

Me pregunté: "¿cómo puedo crear un escenario en el que todos ganen, en el que el equipo se beneficie de mi membresía y yo me beneficie de pertenecer al equipo?" Nuevamente, observemos que no hay nada maquiavélico en aprovechar la dinámica de poder para avanzar con una propuesta en la que ambas partes se beneficiarán a expensas de nadie.

La dinámica ha sido relativamente similar en todos los escenarios. Le informé a mi jefe sobre mis intereses futuros durante las conversaciones sobre mi desarrollo profesional para obtener su apoyo y evitar obstáculos. Conocí al ejecutivo que lidera ese equipo fascinante para expresarle mi interés en unirme a su equipo y explicarle cómo agregaría valor. Expliqué mi propuesta de marca y cómo puedo ayudarlos a resolver los problemas estratégicos clave que enfrentaban. Aproveché varias de mis fuentes de poder: reputación y récord, destreza enfocada, comerciabilidad, y simpatía. Estos líderes me conocían y vieron mi trabajo y carácter con sus propios ojos, o validaron mis capacidades a través del futuro trabajo desencadenado a partir de esa interacción inicial. Como cumplí mi promesa de lograr resultados de alta calidad, todos me invitaron a su equipo.

Ten en cuenta que me uní a ellos no porque me sintiera infeliz, sino porque quería más: más impacto, más responsabilidad, más crecimiento, más compensación y más aprendizaje. En un caso, intenté aumentar el poder de mi equipo, pero no logré influir en mi jefe para que realizara los cambios que aumentarían nuestro poder. ¡Lo intenté y fallé! Así que me fui.

Estar en un equipo con un poder relativamente menor no es el fin del mundo. Hay maneras de pasar a mejores equipos. Pero si cambiar de equipo no te es factible, concéntrate en aumentar tu poder dentro de tu equipo mejorando las fuentes de poder individual.

Estoy feliz de haber tomado tales medidas al conectarme con equipos que trabajan en actividades de alto impacto para el negocio y me mantuvieron comprometido, desafiado y creciendo. Esos movimientos enriquecieron mi carrera y mi vida.

Una palabra de precaución

Según un profesor de negociaciones en Wharton, los riesgos del poder incluyen dañar las relaciones y crear conflictos en lugar de colaboración. Yo añadiría que se puede hacer mal uso o abuso del poder. Ten cuidado con las personas que:

- Tienen un bajo desempeño, pero dominan el arte de la adulación barata.
- Usan el poder directamente contra ti.
- Abusan de su poder de manera poco ética.

El poder, la influencia y la política no son mis temas favoritos, y tocarlos no me es algo natural, pero como nos recuerda Henry Kissinger en la cita inicial del capítulo, ¡la habilidad pura no es suficiente! Realmente no lo es. Necesitas un nivel saludable de rendimiento en este tema. La impotencia puede impedir el crecimiento de tu carrera, incluso si tienes un pico envidiable. Necesitas combinar alto desempeño con habilidades efectivas de influencia: la influencia complementa tus habilidades y ayuda a convencer a otros de que tu idea es la que se debe implementar. Si tienes suficiente éxito como para alcanzar una posición de poder, utilízalo sabiamente para ayudar a hacer avanzar las mejores ideas y personas. ¡Dale al poder la buena reputación que se merece!

En resumen

Para hacer cosas en tu organización y carrera, necesitas aumentar tu poder y ganar aliados. Es posible incrementar tus fuentes de poder, tanto individuales como contextuales. Utiliza tus fuentes de poder para promover las mejores ideas en beneficio de tu organización, tu carrera y las personas que te rodean. Debes reflexionar y determinar dónde estás actualmente en la matriz de poder, y luego compararlo con el nivel necesario en tu posición actual, y la próxima posición si ya tienes una en la mira. ¡Acércate más al territorio de Automóvil de Carrera!

"La medida de un hombre es lo que hace con el poder".

—Platón, filósofo griego (aprox. 427–347 a. C.)

Puntos clave: Aumenta tu poder e influencia

- Malas noticias para ti: la destreza y el desempeño en tu función no es suficiente. También necesitas la capacidad de convencer a otros para que acepten e implementen tus ideas y recomendaciones.

- El poder y la influencia se encargan que las cosas en tu organización sucedan, y necesitas estar consciente de esas dinámicas.

- El poder y la influencia te convierten en un profesional y líder más eficaz, por lo tanto, desarrolla niveles efectivos de ambos.

- ¡Puedes llegar más rápido a tu Champaña en un automóvil de carreras! Así que trabaja hasta conseguirlo.

Autoevaluación

¿Qué afirmación te describe mejor? Encierra en un círculo la letra correspondiente.

a) Jugar al juego del poder no es para mí. Siempre he creído que mis resultados y mi desempeño son lo único que importa.

b) Presto atención a la dinámica de poder que me rodea, pero no soy tan bueno en eso. Realmente no lo he estudiado ni practicado lo suficiente.

c) Para mi puesto, tengo un dominio adecuado de poder, política e influencia. Una buena dosis de influencia complementa mi desempeño.

Acciones a tomar

- Asegúrate de haber completado la evaluación de las fuentes de poder en este capítulo.

- Define pasos concretos para cada fuente de poder que priorizaste mediante un sencillo plan de acción.
  - ¿Qué harás? Sé claro e incluye estas acciones en tu calendario. ¡Hazlos realidad!
  - ¿Para cuándo? Establece fechas objetivo y comprométete con el tiempo y el esfuerzo requerido.

Brecha de poder #1 para cerrar: _______________________ Fecha:

Acciones: _________________________________ _________

_________________________________ _________

_________________________________ _________

_________________________________ _________

Brecha de poder #2 para cerrar: _______________________

Acciones: _________________________________ _________

_________________________________ _________

_________________________________ _________

_________________________________ _________

Brecha de poder #3 para cerrar: _______________________

Acciones: _________________________________ _________

_________________________________ _________

_________________________________ _________

_________________________________ _________

- Profundiza en el estudio del poder y la influencia (libros, cursos, entrenador, otros).

- Siempre que enfrentes un objetivo clave en tu puesto actual, incorpora el poder en tu planificación. Hazte y responde estas preguntas:

  - ¿Qué estoy tratando de lograr?

    ____

    ____

  - ¿Quién juega un papel importante para que yo llegue allí?

    ____

    ____

- ¿Cuáles son sus intereses y posiciones respecto de mi objetivo (bloqueador, neutral o partidario)?

  ____

  ____

- ¿Qué fuentes de poder tienen?

  ____

  ____

- ¿Qué fuentes de poder tengo actualmente?

  ____

  ____

- Basado en tus fuentes de poder, intereses y posiciones, crea una estrategia que describa los pasos que debes seguir para evitar que los bloqueadores te bloqueen y para obtener el apoyo de los tomadores de decisiones (por ejemplo, explica cómo tu objetivo está alineado con sus intereses, mitiga sus preocupaciones y trae un aliado poderoso a la reunión).

  ____

  ____

- Ejecuta tu plan y aprende de lo que funcionó bien y de lo que no. Sigue practicando.

    o ¿Qué funcionó bien?

      ____

    o ¿Qué no?

      ____

CAPÍTULO 11

Construye tu aldea

"Networking tiene más que ver con la agricultura que con la caza".

—Ivan Misner, empresario y autor estadounidense

¿Por qué deberías?

Se necesita una aldea para... no, no para criar a un niño... ¡para tener éxito! El éxito no llega sólo porque estás preparado para ello basado en tu sólida trayectoria, tu increíble currículum, tu sólida marca y tu brillante sonrisa. Necesitas un nivel efectivo de poder e influencia, además de una red saludable y vibrante dentro y fuera de tu organización. David Steward, autor de *Doing Business by The Good Book*, afirma: "Una buena reputación y una buena red se encuentran entre los activos más valiosos que una persona puede tener. ¿Por qué? Porque abre puertas que brindan acceso inmediato a personas que de otro modo serían inaccesibles"[1].

Las relaciones no necesariamente garantizan que obtendrás lo que deseas, pero abren la puerta para que tu mensaje pueda ser escuchado; una vez dentro, depende totalmente de ti y de tus habilidades de persuasión. Por ejemplo, muchas veces en mi vida, un contacto me abrió la puerta para una entrevista. Luego dependió de mí convencer a la audiencia que mi propuesta de valor beneficiaría a su equipo y a su empresa. Las ofertas llegaron después de la entrevista, pero es posible que la entrevista no hubiera ocurrido sin la conexión.

---

[1] D.L. Steward. 2004. *Doing Business by The Good Book*. Hyperion.

Dependiendo de la situación, en una red desempeñarás uno de tres papeles en los que un conector une las necesidades de la persona A con la oferta de la persona B (o solo A y B si no se necesita ningún conector). Esto crea un escenario en el que todos ganan:

- La persona A necesita algo… un buen consejo, un nuevo trabajo, XYZ, etc.

- La persona B posee algo… un buen consejo, una vacante en su equipo, XYZ, etc.

- El conector exitoso conecta a las personas A y B y ellos ganan, pero el conector también gana (gana la apreciación de A y B y tal vez la reciprocidad futura de ambos).

Los escenarios anteriores resaltan los múltiples beneficios de tener una red de contactos sólida. Te posiciona para ser una persona A, una persona B o un conector eficaz. Una lista parcial de los beneficios incluye:

- Mejor acceso a la información necesaria para lograr tu objetivo. Si te encuentras en una mejor posición para el flujo de comunicación, ayudas a otros con la información que necesitan.

- Aumenta tu poder e influencia porque estás asociado con individuos más poderosos. Si eres tú quien tiene más poder, puedes ayudar a otros a lograr su objetivo.

- Proporciona un espacio para intercambiar ideas porque otros pueden compartir sus perspectivas contigo, y viceversa.

- Te da una sensación de seguridad al saber que tienes acceso a personas que te pueden ayudar si alguna vez te encuentras en un momento de necesidad.

- ¡Más amistades! ¿Quién dice que todas las relaciones o interacciones de la red están relacionadas con los negocios? Muchos de mis amigos me han brindado sólidos consejos profesionales, de inversión o sugerencias sobre lugares que debo visitar cuando visito su país de origen.

Bien, establecimos que una buena red tiene valor y beneficios. Ahora, la parte difícil es construirla, mantenerla y expandirla, ya que es algo que requiere tiempo y esfuerzo, pero vale la pena cada minuto invertido.

Establece tu red

Lo sé, esto suena aterrador si recién estás comenzando, pero ya cuentas con una red. Probablemente no estés empezando desde cero, ya que cuentas con compañeros de secundaria y universidad, vecinos, familiares, compañeros de trabajo y amigos. Sin embargo, es muy posible que tu red de contactos actual no sea lo suficientemente sólida para llevarte a donde deseas llegar.

Algunas personas empiezan desde cero, especialmente si se mudan a un nuevo país. Ese fue el caso de Neeraj Khanna, quien nos contó en el podcast su experiencia al mudarse de la India a Ohio: "Comenzó siendo muy difícil. Llegué a este país como estudiante... por primera vez en los EE. UU. Y en esa etapa, se trataba de empezar de nada: cero redes, cero conexiones". Describió esa etapa como "muy desalentadora". Con suerte, tú no se encuentras en una posición tan desafiante como la de Neeraj, pero si lo estás, ten confianza que es posible crear una red sólida con el tiempo. Él lo hizo, y al hacerlo, creció en la industria banquera hasta convertirse en vicepresidente senior de un banco líder.

En tu red, tienes cuatro tipos de contactos, ilustrados en la Figura 11.1.

Lo que diferencia los cuatro tipos es qué tan fuerte es la relación, y por tanto, qué tan activo es el flujo de comunicación: desde muy frecuente y abierto hasta "¡Dios mío, han pasado más de diez años!". Generalmente tienes menos cantidad de contactos cuanto más cerca estás del centro. Debes determinar estratégicamente a quién debes llevar hacia ese centro.

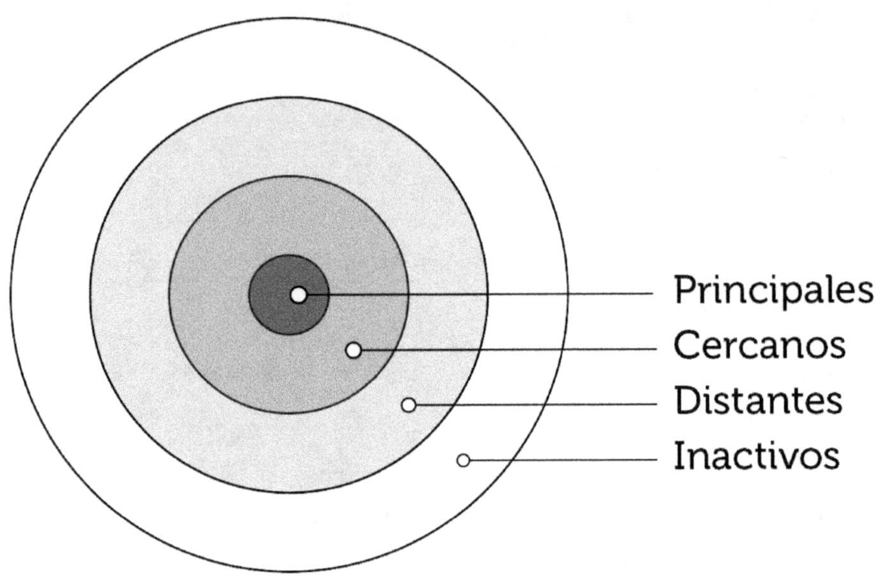

Figura 11.1 Tipos de contacto

Hay veces en las que necesitarás mover contactos hacia afuera si son una influencia negativa. ¿Momento de hacer una limpieza?

Algunos consejos sobre cada uno:

- **Principales**: Asegúrate que este grupo sea diverso e incluya personas que puedan ayudarte a crecer. Si aquí solo tienes a tus amigos de fiesta, tienes trabajo por hacer. Incluye a personas influyentes dentro y fuera de tu organización.

- **Cercanos**: Garantiza la diversidad de trayectorias, industrias, intereses y experiencias. Es posible que este grupo requiera más esfuerzo, ya que es posible que ya no interactúes orgánicamente con ellos, como es el caso de los excolegas, por ejemplo.

- **Distantes**: Este grupo no es menos importante que los dos primeros. A menudo, aquí es donde acudes para obtener conexiones e información. No dudes en comunicarte con contactos distantes cuando sea necesario; algunos estarán gratamente sorprendidos y dispuestos a ayudar, pero otros ni se molestarán en responderte.

- **Inactivos**: Es normal tener muchos contactos inactivos, solo asegúrate de no tener gente valiosa aquí por pereza. Comunícate con aquellos a quienes aprecias e intenta colocarlos más cerca del centro.

Al principio de mi carrera, cuando era menos competente en construir mi red, escribí en un reporte de la escuela de negocios: "A veces pienso…'¿por qué debería molestarme en hablar con ese viejo calvo de la corbata pequeña? Prefiero irme a casa', pero necesito hacer un esfuerzo consciente". Hasta el día de hoy, mi lado introvertido me dice: "El evento terminó, vete a casa y lee ese libro o mira esa serie que empezaste", pero mi lado extrovertido también interviene y me mantiene equilibrado: "Ve a conocer gente nueva o saluda a esa persona que conociste hace unos meses". Sería mucho mejor en eso si fuera más extrovertido, pero eso sólo significa que tengo que trabajar un poco más duro que los demás. Un amigo me explicó que tiene talento natural para construir y mantener relaciones. Eso es asombroso y estoy celoso, porque el resto de nosotros tenemos que ser un poco más estratégicos y metódicos.

En ese artículo de la escuela de negocios que escribí, enumeré consejos sobre cómo comenzar activamente a construir mi red cuando comencé en Kearney después de graduarme: "Descubre qué personas son poderosas en tus áreas de interés (por ejemplo, en la Práctica de Productos de Consumo), en qué actividades participan, y únete a esas actividades. Hazte visible y ofrécete como voluntario para ayudarlos, establece una buena relación y logra que te conozcan".

Como cualquier otro objetivo, requiere planificación y no eventos aleatorios del universo. Este consejo implica algunas acciones de tu parte, como se enumeran en la Tabla 11.1.

Tabla 11.1 Plan de acción Construye tu aldea

Acción	Descripción
Diseña tu red deseada	Define el tipo de contactos que aportarían valor a tu carrera, ahora o más adelante. Piensa estratégicamente: • Interno y externo a tu organización. Necesitas ambos para el desempeño y el crecimiento de tu organización y necesitas los externos cuando llega el momento de abandonarla. • Dentro y fuera de tu industria o campo. Necesitas diversidad de pensamiento. Por ejemplo, el mío incluye empresarios, periodistas, agentes inmobiliarios, médicos y otras personas ajenas a mi mundo corporativo. • Todos los niveles: senior, pares y junior. ¡Sí, también los más jóvenes! No sólo para asesorarlos, sino que son excelentes recursos para ayudarte con herramientas analíticas y tecnológicas que no dominas. Algunos incluso te superarán si los seleccionas y asesoras bien.
Evalúa las brechas versus tu red actual	Evalúa las brechas entre tu red actual y la deseada. Identifica los tipos de contacto que necesitas añadir. Esto dependerá de tu campo, objetivos y red actual.
Define tu propuesta	Sé claro sobre lo que puedes ofrecer a tu red, ya que no está ahí sólo para tu beneficio. Utiliza esta información para ayudar a impulsar las relaciones, ofrece tu ayuda en algo que les interese.

Crea un plan	Crea un plan para llenar el vacío entre tu red actual y la deseada:
	
	• Enumera los nombres de las personas que te vienen a la mente para cada tipo de contacto necesario.
	
	• Aprende sobre ellos: intereses, pasatiempos, escuelas, afiliaciones, puntos en común.
	
	• Crea intersecciones:
	   o Averigua quién puede presentarte.
	   o Asiste a reuniones o eventos a los que asisten, preséntate a ellos y también a los demás.
	   o Comparte información que les interesa (un contacto o ideas relevantes).
	   o Ofrécete a ayudarlos.
	   o Sé creativo.
	
	• Construye una relación genuina y muestra interés auténtico en ellos. Nadie aprecia los intentos falsos para hacer amistades.

No siempre planees	Aprovecha las intersecciones no planificadas. El plan anterior es para llenar vacíos conscientemente, pero sé amigable y amable con todos. ¿Vas a una reunión multifuncional? Preséntate a todos y mantente en contacto. Algunos serán futuros compañeros de equipo o proyecto.
Aprende de los mejores	Aprende las mejores prácticas. "Identifica a las personas de tu organización que logran resultados con éxito e influyen en los demás. ¿Qué tan bien conoces y te relaciona con estas personas? Descubre cómo aprovechan sus redes"[2].

Sigue ejercitando este músculo. Se necesita tiempo, esfuerzo y dedicación para construir y hacer crecer tu red a lo largo de tu carrera, pero también es divertido. Me uní a un

2 SH Gebelein et al. 2001. Successful Manager's Handbook. Personnel Decisions International.

grupo de profesionales locales que se reunían periódicamente para cenar en un restaurante diferente, y la gente siempre cambiaba: creaba una exposición aleatoria a personas de todos los campos. Mantener tu red también requiere disciplina y tiempo. Comunícate con un grupo de personas diferente cada semana, y simplemente pregunta qué hay de nuevo por correo electrónico o mensaje de LinkedIn. Si haces esto al menos una vez al año para contactos distantes, mantendrás viva la relación y tendrás ventaja sobre muchos. Por supuesto, los contactos principales y cercanos deben ser vistos, llamados y contactados con mayor frecuencia.

Tu red también enriquece tu vida, no se trata solo de objetivos profesionales. Cuando viajo, intento ver amigos y contactos en esa ciudad. Por ejemplo, cuando estuve de vacaciones en el sudeste asiático, me propuse pasar un rato con amigos de Cornell, Kellogg y Virginia. Fui a la fiesta de cumpleaños de la familia de Ben en Bangkok, cené con Heng en Kuala Lumpur, cené con Klaus y Ley Cheng en Singapur y me convertí en guía turístico en Bangkok para don Hugo (padre de nuestros amigos en Virginia) al llevarlo a sitios que no había visitado mientras él vivía allí temporalmente para un proyecto. Esas reuniones hicieron que mis viajes fueran aún más agradables.

Si te sientes tentado a olvidar las relaciones de valor incalculable cuando todo está bien y no lo necesitas... resiste esa tentación y siempre invierte tiempo en tu red. ¿Alguna vez te han contactado voces fantasmales del pasado que no se han puesto en contacto hace tiempo contigo, sólo para pedirte un favor? No se siente bien, ¿verdad? Evitémoslo. Una forma de minimizar esto es identificando entre 10 y 20 conexiones principales que crees serían fundamentales para ti cuando intentes…

- Obtener nueva información, conocimientos y prácticas relacionadas con tu campo.
- Obtener recursos o tutoría.
- Obtener apoyo personal.
- Conseguir retroalimentación imparcial sobre tu desarrollo.
- Recuperar un sentido de propósito y significado.
- Mejorar el equilibrio entre vida personal y laboral a través del bienestar físico, espiritualidad, pasatiempos, etc.
- Encontrar una oportunidad interesante si te despidieran mañana.

La lista anterior proviene de un artículo de HBR con el último punto agregado por mí[3]. Esto resume bien las funciones que desempeña en tu vida una red sólida.

Ahora, escribe sus nombres... sí, ahora (piensa en exjefes, reclutadores, ejecutivos, mentores, contactos influyentes en tu campo, familiares, amigos, etc.).

————————————, ————————————, ————————————,

————————————, ————————————, ————————————,

————————————, ————————————, ————————————,

————————————, ————————————, ————————————,

————————————, ————————————, ————————————,

————————————, ————————————, ————————————,

Estos son tus VIP. Por lo tanto, proactivamente revive las llamas de la relación al mantener contacto periódico. Tal vez puedas compartir un artículo relevante que les interese o noticias de tu reciente logro, preguntarles por su familia y su negocio, o invitarlos a tomar un café o un vino. ¿Sabes cuánto más fácil será que recibas ayuda cuando sea necesario? Se han escrito muchos libros al respecto, te animo a que profundices en ellos y continúes aprendiendo.

Una lección clave de mi conversación con Neeraj es cómo él aborda la construcción de redes: "Sé genuino acerca de la curiosidad que presentas en la conversación, sé genuino al tratar de aprender sobre la otra persona y lo que hace, haz que esa curiosidad sea genuina y escucha con atención lo que tengan para compartirte". La forma óptima de abordar la construcción de relaciones es estar auténticamente interesado en la otra persona y en encontrar una manera de ofrecerle ayuda antes de pedirles ayuda.

"Puedes hacer más amigos en dos meses interesándote en otras personas que en dos años intentando que otras personas se interesen en ti".

—Dale Carnegie, escritor y conferencista estadounidense (1888-1955)

[3] R. Cross y R. Thomas. Julio-agosto de 2011. " A Smarter Way to Network". *Harvard Business Review*.

Relaciones Clave

En esta sección, exploraremos figuras como mentores, entrenadores, patrocinadores y otras relaciones clave a fomentar.

Los mentores son personas de tu organización o red que tienen más experiencia y pueden guiarte hacia el crecimiento y el éxito. Por lo general, son líderes de alto nivel que comparten su sabiduría contigo con el objetivo de guiarte, desafiarte y apoyarte. Actúan como asesores interesando en que tengas éxito. Los mentores te ayudan a navegar por el panorama político interno, ya que tienen más conocimientos sobre cómo funciona. También ponen a tu disposición su red o contactos seleccionados.

En muchas organizaciones, existe un programa estructurado en el que se te asigna un mentor. En la mayoría de los casos, depende totalmente de ti hacerlo realidad. Son invaluables y los necesitas, no solo para obtener acceso a conocimientos, consejos y perspectivas experimentadas relacionadas con tu trabajo, sino también para ayudarte a pensar en tus decisiones profesionales. Es importante aclarar las expectativas mutuas desde el principio para maximizar la probabilidad de que la relación sea de valor agregado: tú quieres más de ella que un buen almuerzo cada tres meses. Algunas buenas preguntas que pueden ayudarte a reflexionar incluyen:

- ¿Cómo afrontarías esta situación en la que me encuentro, si estuvieras en una situación similar?

- No creo que mi relación con ese ejecutivo sea tan buena como debería. Tú que ya lo conoces, ¿qué crees puedo hacer diferente para mejorar la relación?

- Estoy pensando en pasarme a ese equipo por estas tres razones. ¿Crees que es una medida sensata, dado mi objetivo a largo plazo?

¿Recuerdas a Alex el físico? Fue su mentor quien lo desafió a apuntar más alto al pensar a cuáles universidades aplicar para un puesto de profesor. He tenido muchos mentores: algunos desempeñan ese papel sólo durante unos años, otros por mucho más tiempo. Habrá rotación en tu junta de asesores, solo asegúrate de tener un grupo de tres a cinco mentores que te ayuden a pensar y crecer.

Te sugiero ser sincero cuando hables con un ejecutivo sobre tu interés en que sea tu mentor, pero solo después de haber establecido una relación. Debes asegurarte de no colocarlos en un lugar incómodo con tal solicitud: una solicitud en frío puede molestarlos. Y respeta su decisión, porque al final del día, ellos serán mentores de quién quieran guiar y tal vez tú no seas uno de ellos. También he sido mentor de personas y es más fácil cuando se conocen y tienes un interés genuino en su éxito.

> "Un mentor es alguien que ve más talento y capacidad dentro de ti, de lo que ves tú en ti mismo, y te ayuda a sacarlo de ti".
>
> —Bob Proctor, autor *bestseller* canadiense (1934-2022)

Gebelein et al. explican[4]: "El *coaching* es el proceso de equipar a las personas con las herramientas, el conocimiento y las oportunidades que necesitan para desarrollarse. Los entrenadores eficaces son catalizadores que hacen que el desarrollo sea más rápido y eficaz". Un coach o entrenador es diferente de un mentor. No es un alto ejecutivo en tu organización; puede ser tu jefe, un compañero de trabajo o incluso un asesor profesional. Un coach puede ayudarte a superar un área de desarrollo que te impide crecer. Trabajas con un coach para mejorar ese punto específico, y cuando lo logras, ya no es necesario.

Algunas buenas preguntas que pueden abordar incluyen:

- ¿Cómo puedo superar mi timidez al hablar en público?

- ¿Qué puedo hacer para mejorar mi presencia ejecutiva?

- ¿Cómo puedo llegar a ser más competente en el uso de este software?

Cuando incorporé a dos nuevos gerentes a mi equipo en RBI, actué como coach hasta que se independizaron, porque eran nuevos en la industria y en la empresa. Los ayudé a aprender lo que debían hacer para tener éxito en el puesto y, dada su inteligencia e iniciativa, esa fase pasó rápidamente. Luego di un paso atrás y me aparté de su camino.

El enfoque de un coach profesional es diseñar un plan para lograr una aspiración profesional. Durante mis días en Cadbury trabajé con Patrick, un coach profesional, que me ayudó a pensar en mis alternativas de camino futuro y a crear un plan para llegar allí. Me ayudó a pensar en cuestiones críticas de mi carrera. Dependiendo de la etapa de tu viaje y de las áreas que necesites mejorar, considera la posibilidad de contratar un

---

[4] SH Gebelein et al. 2001. *Successful Manager's Handbook.* Personnel Decisions International.

coach profesional.

Deberías entrenar a más personas jóvenes a tu alrededor. Invierte en su desarrollo y utiliza tus áreas de fortaleza para ayudarlos a superar sus áreas de desarrollo. O aprovecha tu red y conecta a Matías, que necesita perfeccionar una determinada habilidad, con Natalia, quien es una gurú en ello. Retribuye y utiliza tu red para ayudar.

Una relación *crucial* que debes buscar para avanzar a niveles superiores es la de un patrocinador. Un patrocinador te defiende para ayudarte a avanzar en tu viaje dentro de la organización: utiliza su poder e influencia para garantizar que seas considerado para ascensos y roles clave, y brinda retroalimentación brutalmente honesta. Puede influir en quienes toman las decisiones directamente. Tener los patrocinadores adecuados cambia las reglas del juego. Si lo haces, considérate afortunado, ya que es una señal de que estás llenando todas o la mayoría de las casillas.

Según Sylvia Ann Hewlett, autora de *(Forget a Mentor) Find a Sponsor*: "Es la salsa secreta, el eslabón perdido, la dinámica invisible que explica quién está y quién no está en el poder"[5]. El razonamiento es simple: para llegar a los codiciados puestos de alto nivel, es necesario que te halen desde adentro... no se puede simplemente entregar resultados y ser invitado mágicamente a unirse al codiciado equipo ejecutivo. Debes cultivar una alianza estratégica con alguien lo suficientemente influyente como para que esto suceda.

Es difícil que te inviten a formar parte del equipo ejecutivo de tu organización, y es significativamente más difícil sin un patrocinador que convenza a otros de que te abran la puerta.

Además de mentores, coaches y patrocinadores, existen otras relaciones clave que necesitas según tu contexto: ¡Identifícalas! Por ejemplo, en las empresas de consultoría, hay una persona en esa oficina a cargo de la asignación de personal a cada proyecto: traen a las personas adecuadas al proyecto adecuado. En Kearney, establecí una buena relación con esa persona y constantemente le recordaba mis intereses, habilidades y objetivos de desarrollo. En lugar de simplemente informarme cual sería mi próximo proyecto, me preguntaba qué prefería entre varias opciones. Una vez me ofreció un

[5] S.A. Hewlett. 2013. *(Forget a Mentor) Find a Sponsor*. Harvard Business Review Press.

proyecto de integración posterior a la fusión en Cadbury en Nueva Jersey, o un proyecto con L'Oreal en la ciudad de Nueva York. Elegí Cadbury debido a mi experiencia en la industria de alimentos, y todavía me pregunto cómo habría sido mi vida si hubiera elegido L'Oreal. Eso presentó una bifurcación desconocida pero significativa en mi camino, y ella me dejó elegir porque teníamos una buena relación de trabajo.

Las relaciones funcionan

No soy un experto en construir redes. Me considero promedio en comparación con mis compañeros, y definitivamente puedo seguir mejorando. Sin embargo, en relación con mis compañeros, sigue siendo relativamente decente. Mantenerla requiere de esfuerzo, y más aún para hacerla crecer. Por supuesto, mi red ha crecido con el tiempo, al igual que la tuya. Diferentes afiliaciones me dieron acceso instantáneo a ciertas redes ya establecidas, y vivir en varias ciudades me ha ayudado a multiplicarla.

Te ilustro cómo el poder de las redes y las relaciones me ha ayudado a lo largo de mi carrera, comenzando desde la escuela de negocios.

- Kellogg a Kearney: como mencioné en el capítulo 4, me uní a Kearney como pasante de verano. Según mi desempeño, más tarde recibí una oferta para unirme a tiempo completo en Virginia, después de graduarme. Sin embargo, debido a circunstancias macroeconómicas de ese año, mi fecha de inicio se retrasó tres meses. Como no quería quedarme sentado mientras acumulaba facturas sin ingresos, me comuniqué con muchos exalumnos locales de Kellogg que yo no conocía. Muchos no respondieron, pero Mark, el director financiero de su empresa, sí lo hizo. Me ofreció un trabajo de consultoría de tres meses e incluso me pagó más que Kearney.

- De Kearney a Cadbury (Nueva Jersey): mientras estuve en Kearney, tuve un proyecto con Cadbury orquestando la integración de la red de fabricación de Cadbury y Adams con cientos de plantas en todo el mundo. Pude crear relaciones estrechas con el equipo de mi cliente, lo que incluso nos llevó a viajar juntos por cuatro continentes. Disfruté del trabajo que estábamos haciendo. Me pidieron que me uniera a ellos a tiempo completo y se ofrecieron a iniciar el proceso de mi residencia.

- Cadbury New Jersey a Cadbury Sudamérica: expresé directamente mi interés de unirme al equipo de Marcos, el presidente de Cadbury Sudamérica. Unos meses más tarde me mudé para unirme a su equipo.

- Cadbury Sudamérica a McKinsey: al decidir dejar a Cadbury después que fuera comprada por Kraft, me puse en contacto con dos socios de Kearney en Estados Unidos porque me interesaba unirme a Kearney en São Paulo. Me presentaron a un socio local y recibí la oferta después de la entrevista. Sin embargo, uno de los entrevistadores de Kearney me recomendó hablar con McKinsey antes de aceptar, porque varios de sus colegas se fueron a allí. Me los presentó, me entrevisté, recibí una oferta y acepté después de medir los pros y los contras de ambas ofertas.

- McKinsey a Restaurant Brands International (RBI): hablé con dos socios de McKinsey Miami para informarles que había decidido que era momento de irme, y les pregunté si conocían oportunidades locales. Ambos querían ayudarme. Luis le envió mi currículum a Paulo, un alumno de McKinsey en RBI que buscaba talento para su equipo. Hablé con Paulo, me pidió una entrevista y pronto me uní a su equipo.

- RBI para Southern Glazer's Wine & Spirits (SGWS): cuando busqué nuevas oportunidades en Miami, me comuniqué con un excolega de Kearney. Me puso en contacto con su exjefe en SGWS, Stephen. Stephen me invitó a entrevistarme con él y su equipo. Así lo hice y luego me uní a ellos.

Ninguna de esas ofertas de trabajo las conseguí buscando en internet. Todas esas puertas se abrieron porque tenía una relación con alguien a donde quería ir o con alguien que tenía conocidos allí. Para minimizar los riesgos de costosos errores de contratación, los que toman la decisión quieren contratar personas que conocen y en las que confían, o personas avaladas por conocidos.

Entiendes, ¿por qué te recomiendo encarecidamente que construyas una buena red? ¡Porque abre puertas! Los ejemplos mencionados anteriormente se centran en cambios profesionales, pero el principio también se aplica internamente dentro de nuestra organización. Saber a quién contactar para elimine un obstáculo es clave para que tú puedas hacer lo que tienes que hacer. Hace más de una década, construí un modelo financiero probabilístico y necesitaba correr el modelo mil veces para capturar un histograma del resultado financiero y así determinar qué porcentaje del tiempo era atractivo el proyecto, y una macro simple en Excel bastaría para dicha tarea. Pero yo no sabía cómo construir la macro, así que contacté a Cristina en Brasil, quien trabajó conmigo en un proyecto anterior, y ella la construyó eficientemente para mí. ¡Listo!

No necesitamos saber hacer todo, sólo necesitamos saber a quién llamar.

Mis relaciones también me han permitido abrir puertas a los demás. Carlos, un excolega, se puso en contacto conmigo, interesado en un puesto de director para mi equipo. Como sabía que tenía el perfil adecuado y una buena reputación, lo conecté con mi jefe y el reclutador. Lo respaldé, me alejé y dejé que él hiciera lo suyo durante el proceso de la entrevista. Así fue como volvió a ser mi compañero de trabajo.

Taylor, mi excolega y compañero del viaje a Islandia, también buscó nuevas oportunidades. Yo sabía que Tony, un ejecutivo con el que yo trabajaba internamente, necesitaba un vicepresidente de estrategia comercial. Conociendo las capacidades y el sólido desempeño de Taylor en McKinsey, los presenté y volvió a ser mi compañero de trabajo. Estos son un par de ejemplos recientes para enfatizar que el poder de tu red y tus relaciones también debe usarse para ayudar a los demás; no se trata sólo de cómo los demás pueden ayudarte. Debes recordar siempre mantener ese equilibrio.

En resumen

Para ser eficaz en tu función actual y en tu carrera, no sólo necesitas poder e influencia, como vimos en el capítulo anterior, sino que también necesitas tener las relaciones adecuadas. Es fundamental cultivar relaciones auténticas y duraderas. Sin duda, ayudará a tu carrera y a tu vida. No establezcas relaciones simplemente para aprovechar las posiciones privilegiadas de otras personas. La buena noticia es que ya tienes una red existente. Descubre qué mejoras son necesarias en función de tus objetivos y crea un plan para lograrlo. "Tu éxito es exponencial si puedes aprovechar una red," dijo Neeraj. También tienes la obligación de ayudar a los demás, no debes simplemente buscar que tu red te ayude. Invierte el tiempo y el esfuerzo necesario para construir, mantener y expandir tu red, y verás beneficios sorprendentes para ti y aquellos a quienes quieres ayudar.

"Lo que hace que el *networking* funcione es que crea situaciones en las que todos ganan y en las que todas las partes involucradas se llevan algo a casa. La creación de redes es un proceso de compartir. Hasta que no entiendas eso, no tendrás mucha red".

—Earl G. Graves, Sr., empresario y editor estadounidense (1935-2020)

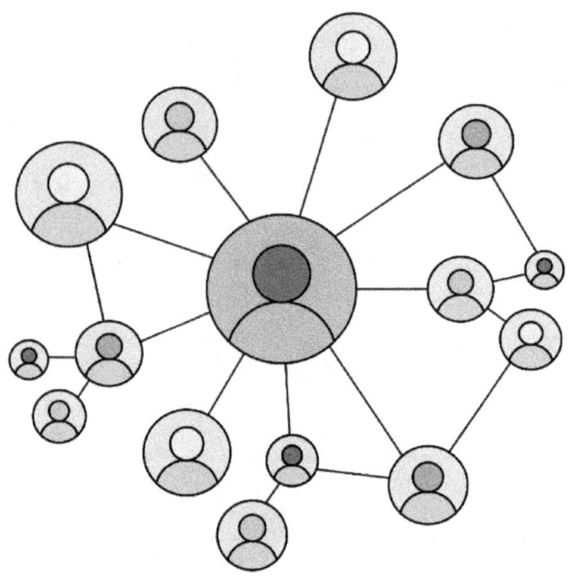

Puntos clave: Construye tu aldea

- Tu crecimiento, oportunidades y éxito suceden porque *otros* están dispuestos a confiar en ti.

- Tus relaciones son capaces de abrir puertas en tu vida.

- Invierte tiempo y esfuerzo en construir y mantener tu red, aun cuando no necesites algo de ella, eventualmente llegará el momento.

- Ten siempre un grupo de tres a cinco mentores. Utiliza entrenadores cuando sea necesario. No pases por alto la importancia de al menos un patrocinador.

- ¡Devuelve! Sé mentor de algunos, sé coach de otros, sé un patrocinador si ya estás arriba, y usa tu red para ayudar a otros.

Autoevaluación

¿Qué afirmación te describe mejor? Encierra en un círculo la letra correspondiente.

a) Mi red tiene muchos agujeros como el queso suizo, en comparación con la red ideal que debería tener para mi función y el éxito futuro que visualizo. Eso de construir relaciones no es lo mío.

b) Mi red es buena. Tengo el tipo de contactos adecuado, pero necesito ser más estratégico a la hora de ampliarlos. Necesito ser más proactivo para mantener vivas las relaciones existentes.

c) Construí una red interna y externa adecuada a mi función y ambición de crecimiento futuro. Mi red me ayuda a alcanzar mis objetivos y también me permite ayudar a otros. Tengo mentores y soy un mentor.

Acciones a tomar

Redes

- Evalúa las brechas entre tu red actual y la deseada.

  ¿Qué *tipos* de contactos necesitas más?

  a) ____

  b) ____

  c) ____

  d) ____

  e) ____

- Crea un plan para llenar el vacío entre tu red actual y la deseada:

  o Haz una lista con nombres de las personas que vienen a tu mente para cada tipo de contacto necesario:

  a) __________________, __________________, __________________

  b) __________________, __________________, __________________

    c) __________, __________, __________

    d) __________, __________, __________

    e) __________, __________, __________

- o Crea intersecciones. ¿Cómo te conectarás con ellos, dado lo que sabes de ellos?

    a) ______________________________

    b) ______________________________

    c) ______________________________

    d) ______________________________

    e) ______________________________

- Define qué puedes ofrecer para agregar valor a estos nuevos contactos:

  o ______________________________

  o ______________________________

  o ______________________________

Patrocinador, Mentor, y Coach

- Identifica quién, en una posición de poder, puede convertirse en tu patrocinador. Descubre cómo puedes ayudarlos, y hazlo. Eventualmente, ten una conversación para compartir por qué tal relación sería mutuamente beneficiosa.

  o ______________________________

  o ______________________________

- Identifica entre tres y cinco mentores potenciales; gente que ya conoces dentro y fuera de tu organización:

  o ______________________________

  o ______________________________

  o ______________________________

- o ____

- o ____

- Acércate a ellos. En el momento adecuado, invítalos a considerar establecer tal relación.

- Si aceptan, aclara las expectativas mutuas, incluyendo la frecuencia de diálogo.

- Identifica una o dos personas de las cuales te gustaría ser su mentor e inicia el diálogo:

  - o ____

  - o ____

- Determina qué áreas necesitas desarrollar (tal vez basándote en retroalimentación reciente o evaluaciones de desempeño según el capítulo 6):

  - o ____

  - o ____

  - o ____

- Identifica contactos competentes en esos temas, que les tengas confianza y creas que están dispuestos a ayudarte:

  - o _______________, _______________, _______________

  - o _______________, _______________, _______________

  - o _______________, _______________, _______________

- Pregúntales si están dispuestos a ayudarte dándote entrenamiento en ese tema.

- Acuerda el objetivo, el enfoque y cómo definen el éxito.

- Identifica una o dos personas a las que estés dispuesto a ayudar en un determinado tema que dominas y ofrécele(s) 30 minutos a la semana para darles coaching:

  - o ____

  - o ____

CAPÍTULO 12

Agarra el volante

"Las personas que prosperan en este mundo son las que se levantan y buscan las circunstancias que desean y, si no pueden encontrarlas, las crean".

—George Bernard Shaw, dramaturgo irlandés y premio Nobel
(1856-1950)

¿Por qué deberías?

Soy un aficionado a los automóviles. Me encantan los automóviles rápidos, de aspecto sexy, y escuchar el potente rugido de un motor es la única música que necesitan mis oídos. Hace muchos años tomé una clase emocionante: *BMW M-School*, un curso de conducción de alto rendimiento de dos días. Éramos veinte fanáticos de los autos y pasamos esos días aprendiendo habilidades de conducción de conductores profesionales y practicando en la pista. Fue emocionante sentarse al volante de muchos automóviles BMW M, incluyendo a mi favorito: el M5. Sentí la emoción cuando tenía el control de un monstruo de alto poder que rugía por la pista y lograba que hiciera exactamente lo que yo quería.

Ese debe ser tu objetivo: ponerte al volante de tu carrera y de tu vida y dirigirlas en la dirección deseada, hacia tu Champaña, cualquiera que sea ese emocionante objetivo. Cuando las oportunidades no tocan a tu puerta, debes salir a buscarlas o crearlas por tu propia cuenta.

No pierdas el tiempo esperando que otros te den las oportunidades en bandeja, porque muy probablemente te sentirás decepcionado por la falta de acción o la calidad de dichas ofertas. Muchas personas son pasivas y esperan que otros actúen por ellos. Esperan que su jefe, o el colega de recursos humanos o sus mentores los sorprendan con noticias interesantes. Pero así no es cómo funciona. Tu encantador jefe no está dando prioridad a los obstáculos que debes superar para tu crecimiento profesional, probablemente esté ocupado pensando en sus propios obstáculos que necesita superar para su propio crecimiento. Además, dada tu agudizada autoconciencia, sólo tú puedes comprender objetivamente qué proyectos o roles te son ideales: aquellos que aprovechan tus fortalezas e intereses te permitirán mejorar tus áreas de desarrollo, afinar tu marca profesional y posicionarte mejor para lograr tus objetivos a largo plazo.

Por ejemplo, mi jefe me informó que quería que yo asumiera un rol de compras globales con sede en Suiza porque necesitaba reforzar su equipo, pero yo no tenía ningún interés en ese momento, especialmente en esa ubicación.

Te sentirás decepcionado si confías en otros para gestionar adecuadamente tu carrera. Es responsabilidad exclusivamente tuya, así que empieza a tomar control de ello ahora. No delegues la gestión de tu carrera a nadie, porque cuando delegas o no eres lo suficientemente proactivo, los resultados pueden ser:

1. Sorpresa, sorpresa… ¡No pasó nada!
2. Algo sucede, pero no está bien alineado con la dirección que imaginaste.
3. Algo sucede, pero después de un largo tiempo.
4. Vaya… todo sucede como se esperaba.

No tengo ninguna investigación científica para probar mi siguiente punto, pero asumiré que estoy direccionalmente correcto: la probabilidad de que cada uno de esos resultados se materialice ya está en orden descendente. Yo les doy 70%, 20%, 7% y 3%.

Permítanme compartir un ejemplo extremo de pasividad. Hace muchos años, una amiga de la iglesia me dijo que necesitaba un trabajo y estaba orando por ello. Eso es fantástico, pensé, así que le pregunté qué más estaba haciendo para encontrar ese trabajo. Ella respondió que *sólo* estaba orando. Probablemente me rasqué la cabeza. Como creo que nuestra fe debe ir acompañada de acción, en su lugar yo habría activado mi red, habría descubierto quién conoce a alguien en las empresas en mi mira, me habría asegurado de tener las habilidades para el puesto deseado, etc. Compartí con ella la sabiduría de Santiago 2:17: "Del mismo modo, la fe por sí sola, si no va acompañada de acción, está muerta". Le expliqué por qué cuando oro por algo, estoy seguro de que Dios quiere que yo también suba las mangas y trabaje por ello.

Lo que me preocupa es que he conocido a demasiadas personas que esperan pasivamente que algo suceda en sus vidas. Quieren más, pero se sientan a esperar un milagro de Dios, de una estrella de la suerte o de su equipo de recursos humanos. "Si tiene que pasar, pasará" dicen. Esa es una bonita frase para situaciones sobre las que no tienes control o realmente no te importa el resultado, pero ciertamente, no es una estrategia sólida de gestión de tu carrera. Si deseas que el resultado previsto se materialice, ¡debes trabajar para que suceda!

Los dos pasos

"Entonces Alejandro, ¿cómo puedo ser más proactivo en la gestión de mi carrera? ¿Cómo hago para que esto suceda?" Para ello, existen dos pasos principales:

1. Define lo que quieres.
2. Ve por ello.

Eso es todo. No tengo una respuesta compleja para ti. Bueno, bueno, claramente no es tan simple, así que exploremos cada paso.

Paso 1. Primero, necesitas saber lo que quieres. Lo que deseas debe estar relacionado con muchos principios que exploramos en los capítulos anteriores. Necesitas saber de qué quieres más y dónde conseguirlo, apuntando alto y siendo adaptable. Esto también debería posicionarte para adquirir experiencias que contribuyan a la marca que estás construyendo y estén alineadas con tus valores.

Para definir esto, debes hacer un poco de introspección, explorar y evaluar diferentes caminos potenciales, tanto dentro como fuera de tu organización, hablar con diferentes personas que se encuentren cercanas a esos caminos, obtener consejos de tu junta de mentores y tal vez diseñar tu futura descripción de trabajo si dicha función aún no existe en tu organización. ¡No te acerques al paso 2 hasta que el paso 1 esté muy claro!

Paso 2. Una vez que hayas definido ese camino, estarás listo para seguirlo. Pero no te apresures, porque necesitas planificar antes de ejecutar. Para planificar tu camino hacia la próxima fase de crecimiento:

- **Define con quién hablar.** Estas son personas que pueden halarte o abrir esa puerta por ti. Quizás sea el líder o alguien cercano de tu equipo de interés. Con suerte, estas son personas con las que ya tienes una relación. Si no tienes una relación, debes comenzar desde la etapa de construcción de relaciones que, como sabes, lleva tiempo. No hay atajos. Es necesario tener algún nivel de relación con quienes toman las decisiones.

- **Sintetiza tu mensaje.** Sé capaz de explicar en pocas palabras por qué quieres unirte a ellos y cómo ellos se beneficiarían teniéndote en su equipo. En otras palabras, por qué deberían aceptar tu propuesta. Apela a sus intereses, muestra cómo tu propuesta les ayuda a ellos y no cómo aportaría a tu crecimiento personal. Tus necesidades no son importantes, si no lo que puedes hacer por ellos y el valor que aportas. Esto incluye demostrar tus picos principales, tu historial de resultados, tus habilidades únicas, etc. Tu objetivo es hacerles darse cuenta de que están incompletos sin ti.

- **Determina cómo acercarse a ellos.** Define cuándo, dónde y cómo iniciar esa conversación. Sé estratégico, asegurándote que las conversaciones se desarrollen cuando no estén estresados ni apresurados, en un lugar con pocas interrupciones, de una manera que haga que se interesen en apoyarte, con la secuencia correcta de argumentos, mostrando algunas pruebas si es necesario, etc.

Una vez que yo descubro el diseño, no pierdo tiempo y ejecuto el plan rápidamente. Me reúno con aquellos con quienes necesito hablar y les expongo mis intereses y las razones por las que ellos también están interesados en abrir esa puerta para mí. ¡La mayoría de las veces funciona! Si hiciste bien tu tarea, plantarás una semilla en sus mentes y eventualmente te abrirán esa puerta. Se convierte en una propuesta en la que todos ganan, no en una solicitud de un favor.

Diferentes personas luchan con un o ambos pasos, mientras que algunas afortunadas no tienen dificultades con ninguno de los dos. ¿Tienes problemas con alguno? ¿Cuál? ____________. Es preferible luchar con estos dos pasos porque te incomodan, a no luchar con ellos porque no los estás haciendo.

Te motivo urgentemente a ser proactivo y tomar el asunto en tus propias manos. Lucha por lo que más quieres, hazlo realidad. Toma el volante y comienza a conducir. No seas pasivo. No seas como aquellos que se sientan de brazos cruzados en el asiento trasero esperando que alguien los lleve: no llegarán muy lejos. Las siguientes historias ilustran cómo se ve agarrar el volante.

"Un hombre sabio hará más oportunidades de las que encuentra".

—Francis Bacon, filósofo y estadista inglés (1561-1626)

Quemando los barcos

Como les dije antes, en algún momento de mi vida en Cadbury, mientras estaba en Nueva Jersey, me aburrí un poco y quería cambios emocionantes y nuevas experiencias. ¿Recuerdas que te dije en el capítulo 3 que me había sentido muy intrigado e interesado por vivir en Brasil cuando estuve expuesto a lecciones de portugués y capoeira? Brasil era el lugar indicado en esa época, ya que era una de las cuatro economías emergentes conocidas como BRIC (Brasil, Rusia, India, China).

Pronto tenía un viaje de negocios para visitar a nuestro equipo sudamericano con sede en São Paulo. Me comuniqué con un colega en Brasil y le pedí que me compartiera información relacionada con las prioridades estratégicas que compartieron con nuestro CEO. Luego le envié un correo electrónico a Dani, la asistente ejecutiva del presidente de Sudamérica, y le pedí veinte minutos con Marcos. Ella rápidamente respondió preguntándome: "¿para qué?". Le expliqué que quería expresar mi interés en unirme al equipo de Marcos. Ella debió haberlo discutido con él y luego me respondió: "Haré que sea un almuerzo de una hora".

En algún momento de marzo, finalmente llegó el día. La oficina no tenía cafetería, por lo que nos pusieron una mesa en el gran balcón que daba a la Avenida Paulista, una de las avenidas icónicas de la ciudad. En portugués, le expliqué a Marcos que con mis habilidades y experiencias podría ayudarlo con tres de sus cinco prioridades estratégicas. Compartí mi currículum con él y le di una descripción general de mis destrezas y trayectoria. Me dijo que muchas personas de Estados Unidos lo contactaron a lo largo de los años expresando interés en venir a Brasil, pero ninguno de ellos había hecho el esfuerzo de aprender portugués. Creo que apreció el hecho de que hice mi tarea de comprender las preocupaciones y prioridades clave en su cabeza y que expresé claramente cómo agregaría valor a sus objetivos. Mi autoconciencia me hizo darme cuenta de que no encajaría bien en dos de las cinco prioridades estratégicas, pero en las otras tres... claro que sí. Tuvimos un gran almuerzo y conversación, y sentí que él acogió con agrado mi mensaje.

Unos meses más tarde, a finales de julio, estaba en Filadelfia tomando un curso de educación ejecutiva sobre fusiones y adquisiciones en Wharton. Trabajé en la integración posterior a la fusión y quería aprender más sobre este tema tan relevante.

Por cierto, le pedí al jefe de mi jefe que me ayudara pagando ese curso, pero él se negó. Entonces decidí pagarlo yo mismo. Si tú no estás dispuesto a invertir en tu educación y desarrollo, ¿quién lo hará?

Mientras estaba en Wharton, sonó mi teléfono. Era Carlos, el jefe de la cadena de suministro de América del Sur, quien reportaba a Marcos. Dijo: "Nos gustaría invitarte a venir a Brasil durante dos o tres meses para ayudar a crear la estrategia sobre cómo podemos ingresar al mercado del chocolate en Brasil, desde una perspectiva operativa. ¿Puedes venir en las próximas semanas, a mediados de agosto?". Yo respondí "¡Sí!". Luego de colgar, le dije a Guilherme, un nuevo amigo brasileño que conocí en el curso: "¡Oye, te veré más a menudo!"

El resultado más probable para cualquiera en esa posición es hacer la maleta para un viaje de dos o tres meses, ¿cierto? Ese es el periodo de la invitación. Pero mi confianza en mí mismo, mezclada con la fe que éste era el paso correcto, me llevó a adoptar un enfoque diferente. Inmediatamente llamé a mi esposa y le dije: "Empieza a vender nuestros autos, empaca todo y vende la casa. ¡Nos mudamos a Brasil!". En la segunda quincena de agosto compré un billete a São Paulo, solo de ida. Mi esposa se quedó y se encargó de todos los arreglos de la venta.

El primer día que llegué a la oficina para conocer a mis nuevos colegas, conocí a Vini, quien codirigió los aspectos comerciales de nuestro proyecto. Él me preguntó: "Entonces, ¿eres un experto en chocolate?". Yo me reí, porque la respuesta no era más que: "No, pero me encanta". Las habilidades que aporté no tienen que ver con el chocolate; adquiriría ese conocimiento del producto a medida que nos sumergiéramos en el proyecto.

En la sexta semana, definí y evalué las alternativas estratégicas sobre cómo deberíamos ingresar al mercado del chocolate, incluyendo la importación de otros países, la creación de una nueva planta de producción local, la subcontratación de la fabricación local y varias opciones híbridas. Presenté los pros, los contras y las implicaciones de cada alternativa a Marcos y su equipo ejecutivo, y les expliqué mi recomendación para la solución óptima. Después de la reunión, el equipo ejecutivo se acercó a mí y me pidió que me quedara en Brasil y liderara la fase de ejecución de mi estrategia durante los próximos años. Lo que no sabían era que ya había plantado ambos pies en Brasil, y que mi esposa llegaría definitivamente la semana siguiente, después de vender nuestra casa.

Hice una movida a lo Hernán Cortés: quemé los barcos que me llevarían de regreso a casa si fallaba en mi misión, y así eliminé el fracaso como opción[1]. Entendí que para lograr mi objetivo de ser invitado a quedarme por años, necesitaba hacer un trabajo espectacular en mi misión de corto plazo y hacer que me vean como un protagonista fundamental para el éxito del proyecto. Era eso o regresar a Nueva Jersey con la cola entre las piernas y los sueños aplastados para empezar a buscar una nueva casa.

Descargo de responsabilidad: ¡Mide y entiende los riesgos si alguna vez quieres imitar a Hernán Cortés!

Nuestros cinco años y medio en Brasil fueron increíbles, y ese proyecto específico sigue siendo una de las etapas más interesantes, emprendedoras, divertidas y satisfactorias de mi carrera. Marcos, Carlos, Oswaldo y el resto del antiguo equipo de Cadbury Sudamérica nos dieron la bienvenida a mí y a mi esposa y nos permitieron hacer de Brasil nuestro tercer hogar. Quemar los barcos valió la pena.

"Nada sucede en tu vida a menos que crees el espacio para que suceda".

—James McCay, actor australiano

---

[1] RH Innes. 1998. "Hernán Cortés". *Británica.* www.britannica.com/biography/Hernán-Cortés (consultado en julio de 2020)

Sampa Housing

Lili vivía en nuestro mismo edificio en São Paulo. Me gustó que tuviera una notable vibra internacional y que estuviera genuinamente conectada con extranjeros como nosotros. Lili tenía un admirado trabajo corporativo en JLL Hotels, dado su título en administración hotelera. Trabajó como asesora de desarrolladores de hoteles y todo el tiempo viajaba a bonitos complejos turísticos como parte de su trabajo, lo que ponía celosos a muchos, incluyéndome a mí. Años antes de conocerla, le picó el gusto de viajar y quiso mudarse a Europa. Su jefe mencionó que la oficina de Irlanda buscaba a alguien con su perfil y se ofreció a establecer la conexión. Ella dijo que sí, se entrevistó para el trabajo, lo consiguió y se mudó a Dublín.

Pasó el año de trabajo y entonces le tocaba regresar a São Paulo. Pero todo fue demasiado rápido, y ella quería quedarse más tiempo en Europa. Cuando exploraba el sitio web de KPMG en busca de más información sobre una conferencia sobre desarrollo de campos de golf a la que asistiría, encontró un atractivo puesto en la página de empleo... en Hungría. De forma proactiva, se puso en contacto con el gerente de contratación a través de LinkedIn, quien contestó con los próximos pasos para una entrevista. Poco después empezó a trabajar para KPMG en Budapest.

Lili buscó un lugar para alquilar y su experiencia con el proceso de alquiler se volvió extremadamente frustrante debido a los sitios web poco atractivos y hostiles en húngaro. Afortunadamente, un agente inmobiliario local la ayudó a encontrar un increíble apartamento corporativo con una hermosa vista del río Danubio y facilitó el proceso de alquiler; puede ser estresante y oneroso para un extranjero que no habla el idioma. Pasado un tiempo, Lili regresó a São Paulo por motivos familiares y JLL le dio la bienvenida. Fue entonces cuando nos conocimos.

Lili vivía en nuestro edificio con su hermano Ricky, quien luego se mudó a la casa de sus padres en otra parte de la ciudad. Para reemplazar a Ricky con una nueva compañera de departamento, colocó un anuncio en un sitio web para expatriados. ¡Estaba abrumada con tantas respuestas! Seleccionó a su nueva compañera de apartamento, pero quedó intrigada por la enorme demanda. Recuerda, estar en Brasil era especialmente atractivo, y muchos profesionales extranjeros de Europa, América del Norte y América Latina acudían en masa.

Puedo confirmar lo doloroso que fue el proceso de alquiler, con requisitos como tener un fiador que prometa al arrendador garantías financieras totales en nombre del inquilino. Cuando te mudas a un nuevo país, ¿cómo se supone que vas a conseguir un fiador local si no conoces a nadie? ¡Nadie te conoce ni nadie confía en ti! Cuando intenté alquilar un apartamento en ese edificio por primera vez, el propietario quería una carta del "dueño de Cadbury en Londres," lo cual es absurdo ya que Cadbury no tiene un dueño, es una corporación pública. Después de cinco largas semanas de negociaciones contractuales, los abogados decidieron abortar la misión, y eso me devolvió al punto de inicio. Afortunadamente, mi agente de bienes raíces me dijo: "Soy dueña del apartamento justo debajo de este, en el piso 26, y te lo puedo alquilar sin esa carta porque ahora te conozco y confío en ti". Lili y yo entendíamos el dolor que sentían los extranjeros.

Volvamos a Lili. Ella vio la oportunidad y decidió alquilar un apartamento de tres habitaciones en un edificio cercano y subarrendar cada habitación para expatriados. ¡Los inquilinos interesados la inundaron con solicitudes, otra vez! Ella amuebló el lugar y lo alquiló a extranjeros que buscaban un trámite sencillo, un bonito apartamento en un buen barrio y la experiencia de vivir con otros extranjeros. Recordando sus propias frustraciones en Budapest, Lili facilitó el proceso eliminando la burocracia y el requisito de aval, e incluso permitiendo el pago mediante tarjeta de crédito. Creó un modelo de negocio innovador y disruptivo que creció rápidamente debido a la enorme demanda.

Después de administrar quince apartamentos, Lili y su novio Alex decidieron dejar sus trabajos corporativos y administrar el nuevo negocio a tiempo completo. Lili quería más aprendizaje, control, entusiasmo y experiencia como emprendedora. El negocio evolucionó a medida que crecía, desde centrarse en extranjeros individuales hasta centrarse en las empresas que traían a sus empleados expatriados. Seis años después de lanzar Sampa Housing, ¡gestionaban setecientos apartamentos en São Paulo! Vendieron el negocio en 2016 y permanecieron en la empresa durante aproximadamente dos años para garantizar una transición exitosa.

Lili me explicó que "se sentía increíble estar en el asiento del conductor". Pasó de la comodidad y estabilidad de un trabajo corporativo a la agitada vida de emprendedora que sacrifica noches, fines de semana, vacaciones y sueño. Cuando le pregunté qué la impulsaba a seguir adelante, respondió: "El hambre de aprender más me hizo seguir adelante. Allí aprendí más en el primer año que en los diez años en mi puesto corporativo". La historia de Lili da vida a muchos principios en este libro, y quería mostrar el ejemplo de un emprendedor para aquellos que están reflexionando sobre ese camino. Lili Ferrarase ahora duerme bien en su casa cerca de una playa en Portugal, con Alex y sus hijas.

Gracias, pero no gracias

En 2009, Kraft expresó sus intenciones de comprar Cadbury para crear la empresa de dulces y chocolates más grande del mundo, pero la junta directiva de Cadbury no tuvo interés y rechazó tales ofertas. Un acuerdo así sería devastador para el proyecto en el que estaba enfocado durante el último año y medio porque en Brasil, Kraft era el número uno en chocolate con alrededor del 35% de participación de mercado. No tendría sentido continuar con nuestro proyecto que atacaría a Kraft. Pero estábamos a salvo... hasta enero de 2010, cuando recibimos la sorprendente noticia de que la junta directiva aceptó la oferta. Acordamos parar todos los esfuerzos relacionados con nuestro proyecto.

Sólo faltaban nueve días para el inicio de la producción en la fábrica y tuvimos que negociar con los proveedores la devolución de las materias primas que compramos pero que ya no necesitábamos. Fue un sentimiento horrible. Trabajamos durante un año y medio para crear lo que habría sido un excelente portafolio de productos para un lanzamiento exitoso y nos vimos obligados a finiquitarlo a cinco centímetros de la línea de gol.

Durante los siguientes meses, cambié mi enfoque para ayudar con los esfuerzos de integración después de la fusión, que obviamente era un esfuerzo temporal. Inmediatamente pasé de ser empleado de Cadbury Sudamérica a empleado de Kraft Brasil. Me sentí optimista sobre mi capacidad para encontrar un nuevo rol donde continuar agregando valor a la nueva organización. Pensé en mi próximo rol ideal en este nuevo mundo, dadas mis fortalezas, intereses y necesidades de la empresa. Llegué a la conclusión de que un equipo de consultoría interna tenía sentido para que Kraft Brasil lograra sus prioridades estratégicas, lo que me permitiría entregar valor concreto al negocio. Creé una presentación bien estructurada que describía los beneficios cuantitativos y cualitativos de dicho equipo, su configuración, modelo operativo, alcance, diseño de la estructura organizacional y por qué yo debería liderarlo. Creé una propuesta magníficamente diseñada y la compartí con los miembros del nuevo equipo de liderazgo.

Hice lo que tenía que hacer: pensar el mejor resultado para mí y tratar de convencer a otros de ello. Pero no mostraron ningún interés. No funcionó. La única respuesta que obtuve fue un silencioso: "¡Gracias, pero no gracias!". Bien, ahora tenía más información para guiar mi proceso de toma de decisiones. En la ausencia de un puesto interesante en una nueva empresa, decidí trazar mi propio camino y volver a la consultoría gerencial en Brasil.

El mensaje de esta historia es: a veces, la puerta a la que llamas no se abrirá, pero no lo sabrás hasta que lo intentes. ¿Eso me impedirá a mí o a ti seguir tocando puertas e intentar abrirte camino? Por supuesto que no. Pero una cosa es segura: la probabilidad de que la puerta que deseas se abra sin que la toques es demasiado cercana a cero.

Pescando un tiburón

Cuando el Dr. Juan Salinas tenía doce años, su padre quería que se uniera al equipo local de natación en Honduras. Pero Juan tenía otros planes: mejorar sus habilidades en Atari. Su papá insistió, diciéndole que lo probara durante un mes y luego podría hacer lo que quisiera. Juan estuvo de acuerdo. No sabía que su primer día en la piscina cambiaría su vida al desatar su nueva pasión por los deportes y la nutrición, una pasión que sigue viva décadas después. Luego pasó a competir internacionalmente con la selección nacional.

A los dieciséis años, se mudó a los Estados Unidos para sumergirse en el estudio del inglés y así poder aplicar a una universidad en los Estados Unidos. Su familia le enseñó el valor de la educación desde muy temprana edad. Eso podría explicar por qué obtuvo múltiples títulos, incluyendo su licenciatura, maestría, doctorado y maestría en Administración de Empresas en la Universidad de Rutgers, seguido del diploma de posgrado en Nutrición deportiva. Su experiencia estaba en el desarrollo de productos, aplicando sus habilidades en empresas de alimentos líderes como Nabisco, Cadbury (donde nos conocimos), Kraft y Nestlé. En Nestlé, fue director de proyectos globales trabajando en PowerBar. A pesar de disfrutar desarrollar productos relevantes para esas empresas, carecía de la convicción que esos productos fueran realmente "buenos" o saludables.

Esto creó un deseo de explorar su propio camino para lanzar un bocadillo o *snack* verdaderamente saludable. Se dio cuenta de que carecía de las habilidades empresariales necesarias y, por tanto, decidió obtener su MBA.

El Dr. Juan se dio cuenta de que su trabajo actual no era satisfactorio, y decidió tomar acción para cambiarlo. Incluso rechazó una oferta tentadora para unirse a otra empresa líder en alimentos como director con trayectoria rápida a vicepresidente, pues él ya no estaba interesado en continuar en una carrera que no le satisfacía.

Este es un paso clave para tomar el control de tu carrera: no ser estático, especialmente si quieres más. La alternativa es disfrutar de la quietud de la inercia

El primer producto que desarrolló fue un completo desastre: un bocadillo de proteínas que nunca pudo replicar con éxito más allá de su cocina. Investigó y experimentó con nuevos formatos para ofrecer un concepto similar, pero con menos problemas de fabricación. Así fue como encontró el bocadillo de hojaldre extruido, similar a la textura de los Cheetos. El desarrollo fue más difícil de lo esperado, pero perseveró.

En la escuela de negocios, se centró en el emprendimiento. Ganó el primer lugar en el concurso anual de planes de negocios por su trabajo para lanzar un bocadillo saludable a base de maní: *P-nuff Crunch*. La confianza que tenía en su idea aumentó. El Dr. Juan siguió trabajando en ella, y finalmente lanzó su producto en el mercado estadounidense. La misma lógica de su primer día en la piscina lo impulsó a dejar la vida corporativa y emprender su propio negocio: "Esa semana, cuando estaba tomando la decisión de iniciar mi propio negocio, me dije... 'Inténtalo, y si no me gusta o no funciona, entonces puedo parar y volver a lo corporativo u hacer otra cosa. Pero hay que intentarlo'".

Aunque el producto tenía todos los atributos necesarios para el éxito, unos años después del lanzamiento sus ventas seguían siendo modestas, principalmente debido a las limitaciones de distribución. Fue entonces cuando decidió participar en Shark Tank, el famoso programa del canal ABC donde los emprendedores se dirigen a los inversionistas o tiburones. No obtuvo respuesta durante dos años, pero finalmente se pusieron en contacto con él. "Me llamaron y me dijeron: 'Oye, nos encanta tu producto y nos encantaría saber si estás interesado en venir al show para presentarle a los tiburones' y yo dije... ¡Pues claro, sí!'" me explicó en mi podcast con emoción y una carcajada. Avanzando un poco en la historia, el Dr. Juan asistió al programa, y logró obtener el financiamiento para su empresa Perfect Life Nutrition a través de una asociación con Mark Cuban.

Reflexionando sobre su vida como empleado, el Dr. Juan dice: "Estaba esperando que la gerencia me recompensara por mi arduo trabajo, en lugar de hablar con la gerencia y expresarle mis deseos y necesidades, comenzar a establecer contactos en la empresa y hacerme notar", y añadió: "No esperes que la gente haga algo por ti". Esto se condice con lo que vimos en capítulos anteriores. No esperes a los demás, no esperes que tu situación cambie sin poner esfuerzo de tu parte, que nadie vendrá a ofrecerte oportunidades en bandeja. Sé proactivo para hacer realidad tu próximo paso profesional, ya sea interno o externo.

América Latina y el Caribe

Mi primer puesto en Restaurant Brands International tuvo un enfoque interno. Mis dos responsabilidades principales fueron implementar e incorporar Metodologías de Resolución de Problemas (MRP) y liderar el proceso de Gestión por Objetivos (GPO) a nivel mundial. La incorporación de MRP implicó capacitar y asesorar a los empleados y franquiciados sobre cómo utilizar un mejor método para abordar los diferentes problemas funcionales que enfrentaban todos los días. GPO consiste en establecer objetivos individuales para cada empleado en cada función y región, en cascada desde los siete a diez objetivos del CEO para ese año. Al final de cada año, todos serían evaluados según el logro de su plan GPO y su bonificación se calcularía objetiva y matemáticamente. Esto ayuda a impulsar la meritocracia, un pilar clave de esa cultura corporativa.

MRP y GPO fueron plataformas perfectas para que yo contribuyera desde el primer día, aprendiera más sobre cómo operaba la empresa y exponerme a proyectos y ejecutivos en todas las funciones y regiones. Pero siempre lo vi solo como un punto de entrada a la empresa. Empecé a pensar en mi próximo rol. Entrené a un gerente de proyectos que se reportaba a Rodrigo, el líder global de operaciones. Durante esos meses interactué frecuentemente con Rodrigo. Me gustaron nuestras interacciones y su estilo de liderazgo sensato, realista y empoderador, además del tipo de trabajo que su equipo hacía. También era evidente que le gustaba mi trabajo y yo le caía bien. Le mencioné esto a mi jefe, no solo para mantenerlo informado sino también para obtener su apoyo para mi posible futura mudanza. No expresé ninguna urgencia: cuando llegara el momento adecuado.

Un día hablé con Rodrigo y le dije que en el momento adecuado me interesaba unirme a su equipo porque disfrutaba trabajar con él. Agradeció mi interés, acordamos explorarlo en el futuro, nos dimos la mano y regresamos a trabajar.

Un par de meses después, Rodrigo se convirtió en el nuevo presidente de América Latina y el Caribe. Unas semanas después, mi jefe me convocó a una reunión en una sala de conferencias en otro piso. Cuando entré, los vi a él y a Rodrigo. Me dijeron que me ascendieron a un puesto que reportaba a Rodrigo, como cabeza de cadena de suministro y compras para América Latina y el Caribe. Ese fue un movimiento emocionante porque cambió mi enfoque de interno a externo, mientras me trasladaba a un equipo donde estaría la acción, o lo que es lo mismo, un equipo con más poder.

Ahora trataba con proveedores en toda América, con todos los franquiciados en docenas de países, además de muchas funciones diferentes dentro de la organización. Me encantaba trabajar con diversos países de América, y este puesto me brindó otra oportunidad de visitar muchos de ellos, lo cual fue un beneficio inesperado que ignoraba cuando le expresé mi interés a Rodrigo.

Apliqué mis conocimientos previos sobre mejora de procesos, MRP, negociaciones y operaciones, para ayudar a convertir esta función en una altamente eficiente y así maximizar ahorros para los franquiciados. Si no hubiera expresado activamente mi interés a la persona adecuada, tal vez nunca habría aterrizado en un lugar tan satisfactorio, atractivo y dinámico.

En resumen

Lili y Juan hicieron suceder cosas en sus vidas. Yo nunca he confiado en RRHH ni en mi jefe para conseguir dar mi siguiente paso. Los involucro, pero nunca dejo que ellos manejen el proceso por mí. Un alto executivo de RRHH me dijo una vez que la gestión profesional no era responsabilidad de su equipo de gestión de talentos de RRHH… sino que era mi responsabilidad. Debo admitir que la primera vez que oí eso me sorprendí un poco, pero resultó ser la verdad. ¿No está ahí RRHH para ayudar a crecer a las personas talentosas? No exactamente. No te engañes esperando que sucedan cosas en tu carrera sólo porque estás obteniendo excelentes resultados, esperando que otros muevan las piezas de ajedrez por ti. Es tu responsabilidad construir proactivamente las relaciones adecuadas, dar a conocer tus intereses, tocar puertas, asumir riesgos y hacer que las cosas sucedan por y para ti mismo.

Ten un plan de carrera, comprende cuál debería ser tu próximo paso y trabaja para lograrlo. Recuerda que necesitas flexibilidad para adaptarte según sea necesario. Ser el conductor implica controlar mejor la dirección y ritmo de tu carrera. El Dr. Juan Salinas compartió un recordatorio acertado: "Asegúrate de seguir tu pasión durante el tiempo que tenemos, el cual no es mucho, entonces ¿por qué desperdiciarlo en cosas que no quieres ni te interesan hacer? ¡Sal de esa mentalidad! Ve y haz las cosas que realmente quieres hacer". No te dejes atrapar, quiere más y trabaja para que eso suceda.

> "Si eres proactivo, no tienes que esperar a que las circunstancias u otras personas creen experiencias para ampliar tus perspectivas. Puedes crear conscientemente esas experiencias".
>
> —Stephen Covey, autor *bestseller* estadounidense (1932-2012)

Puntos clave: Agarra el volante

- Antes de tocar las puertas deseadas, haz tu tarea, prepárate: unas se abrirán, otras no.

- Para mejorar tu carrera y tu vida, debes creer en ti mismo y tomar riesgos educados.

- Comprométete 100% con un resultado, elimina el fracaso como una opción.

- Nunca esperes a que otros lo hagan por ti. ¡Es tu responsabilidad!

Autoevaluación

¿Qué afirmación te describe mejor? Encierra en un círculo la letra correspondiente.

a) Siempre he confiado en el sistema: dejo que mi jefe y RRHH decidan cuál debería ser mi próximo paso. ¡Si está destinado a suceder, sucederá!

b) No soy ni pasivo ni proactivo. Hablo de mis deseos de crecer con quienes toman decisiones, pero no hago un plan B. Si no pasa nada… ¡oye, al menos lo intenté!

c) Involucro de manera proactiva y estratégica a las personas adecuadas para que me ayuden a llegar a la siguiente etapa que deseo. Si no veo llegar el progreso o el crecimiento, me esfuerzo por hacerlo realidad.

Acciones a tomar

- Paso 1. Piensa en ese siguiente paso que quieres dar. ¿Cómo defines el éxito? ¿Qué próximo paso te brinda más de lo que deseas? ¿Cuál es el próximo logro que celebrarías con champaña?

____

____

- Paso 2. Crea un plan que te lleve desde el lugar actual en el que estás hasta tu próximo logro:

    o Define con quién hablar.

____

____

o   Sintetiza tu mensaje para ellos.

¿Cuál es tu propuesta?

____

____

¿Por qué estás interesado en ello?

____

____

Más importante aún, ¿por qué deberían ellos estar interesados?

____

____

o   Determina cómo abordarlos.

¿Cuándo comenzaré la(s) conversación(es)? _____________

¿Dónde debe suceder? _________________

¿Cómo estructuraré la reunión? ___________________

- ¡Empieza a ejecutar tu plan! Y captura lecciones clave:

o   ¿Qué funcionó bien?

____

____

o   ¿Qué no funcionó tan bien? ¿Qué puedo hacer mejor la próxima vez?

____

____

CAPÍTULO 13

Aprende de todos los líderes

"Nada se desperdicia en el viaje de la vida. Tanto las experiencias buenas como las malas moldean tu mente y tu corazón para lo que está por venir".

—Leon Brown, jugador retirado de las Grandes Ligas de Béisbol

¿Por qué deberías?

¡Ahora estás al volante de tu propio automóvil de camino a Champaña! Es una sensación maravillosa. Pero aún no has terminado. Los conductores de Formula 1 reciben constantemente información de lo que sucede a su alrededor: su panel de instrumentos, la vibración del volante, los ruidos del motor y los comentarios del equipo de apoyo a través de su auricular. Con esa información pueden realizar ajustes, correcciones, planificar su siguiente movimiento, etc. Del mismo modo, tu objetivo es convertirte continuamente en un mejor líder en tu camino hacia Champaña. Aprenderás de las cosas que hiciste bien, de las que no hiciste tan bien, y ver lo que hacen otros conductores.

He tenido muchos jefes diferentes. Mujer u hombre, mayor o menor, temido o admirado, conocido o desconocido en la industria, de todos los tipos. He tratado con líderes que mostraron una amplia gama de comportamientos que describo como inspiradores, desmotivadores, innovadores, cuadrados, empoderadores, micro gerentes, respetuosos, intimidantes, eficientes, bondadosos, o indiferentes. Ten en cuenta que estoy describiendo sus comportamientos, no necesariamente su carácter. Los comportamientos pueden ser contrarios al carácter y marca profesional de uno cuando no se manejan bien.

La inteligencia emocional (IE) se compone de dos partes:[1]

- Competencia personal

- Competencia social

La competencia personal tiene dos componentes, como vimos en el capítulo 6:

1. **Autoconciencia**: percibir con precisión cómo estás programado. Se trata de comprender tus emociones, preferencias, fortalezas y otros componentes del rompecabezas de la autoconciencia.

2. **Autogestión**: aprender a controlar tu comportamiento. Se trata de morder tu lengua o comportarte estratégicamente de manera que te beneficie a largo plazo... incluso si explotar te proporciona satisfacción a corto plazo.

La competencia personal es acerca de ti, pero la competencia social es acerca de cómo tratas con los demás. La competencia social también consta de dos componentes:

1. **Conciencia social**: percibir con precisión lo que sienten los demás. Se trata de escuchar a los demás y ponerse en su lugar.

2. **Gestión de relaciones**: gestionar bien las interacciones. Se trata de construir y mantener relaciones positivas y saludables.

Cuando dominas las cuatro partes de la IE, obviamente tienes una IE alta y, por lo tanto, estás en una mejor posición para ser una persona admirada y un líder en tu campo. Ya sabes… el tipo de personas que los demás quieren seguir y el tipo al que se le da más. La IE también te ayuda a crear mejores relaciones, un ingrediente clave para el éxito detu carrera. Al respecto, Maria Pinelli, exvicepresidenta global de EY, me dijo durante una conversación en el podcast: "Si conectarse con la gente no es la habilidad más importante que puedes tener, ahora más que nunca, ¡no sé cuál es!".

Pero ¿cómo puedes aumentar tu IE? Hay varias formas, y creo que recursos como

[1] T. Bradberry y J. Greaves. 2009. *Emotional Intelligence 2.0*. TalentSmart.

Inteligencia Emocional 2.0 y similares son un buen lugar para comenzar tu investigación.

Pero un método que quiero compartir contigo es gratuito y sencillo: ¡la observación! Todos los días, observa en acción a los líderes que te rodean y determina qué están haciendo bien y qué no. ¿Cómo se siente ser liderado por ellos? ¿Qué deberían hacer diferente para ser más efectivos? John C. Maxwell afirma: "El liderazgo se consigue, no se enseña. ¿Cómo se puede 'conseguir' el liderazgo? ¡Observando a los buenos líderes en acción! La mayoría de los líderes surgen debido al impacto que tuvieron en ellos otros líderes, que modelaron el liderazgo y los guiaron"[2].

Sin embargo, yo iría más allá y afirmaría que no sólo los líderes admirables pueden enseñar lecciones valiosas. Aprende de todos ellos, incluso de aquellos que odias y no soportas, porque constantemente te están enseñando cómo no tratar a los demás: son el perfecto modelo "a no seguir". Estas son personas sin inspiración, que te muestran el camino a evitar. Hay quienes te enseñan los peligros del perfeccionismo o de ser viles con los colegas"[3]. A medida que tu carrera te lleve a nuevos niveles de responsabilidad, lo cual es una consecuencia real de querer más en tu carrera y aplicar los doce principios anteriores, continúa desarrollándote y perfeccionando tu propio estilo de liderazgo. Para sobresalir y crecer en tu campo debes liderar a otros de manera efectiva.

Aprender de todos los líderes quizás parezca obvio, pero no todos lo hacen. Creo que hay varias razones, entre ellas:

- Creemos que ya sabemos todo lo que se necesita para ser un líder admirado.

- Descartamos la posibilidad de aprender algo útil de los líderes que no admiramos.

- Se necesita atención y energía para estar en modo de aprendizaje constante.

Todos los líderes con los que trabajé me enseñaron lecciones. Algunas fueron extremadamente agradables de aprender, y todo lo que tuve que hacer fue imitar sus formas efectivas y empáticas. Otras fueron impactantes, y aprendí a *no imitarlos*. Ahora,

[2] JC Maxwell. 2007. *The 21 Irrefutable Laws of Leadership*. Tomás Nelson.

[3] E. Jacobs. 01 de marzo de 2020. "Stuff the inspiring types, find me an anti-role model". *Financial Times*. (consultado Agosto del 2020)

tienes modelos a seguir y modelos "a no seguir" en tu vida personal y profesional. No es necesario inscribirte a ninguna capacitación, solo presta especial atención en tu próxima reunión.

Hinesh Shah, vicepresidente de ventas de Diageo, hizo un interesante aporte a este concepto durante la grabación de nuestro podcast: "Cualquiera que sea el estilo que desees adoptar, el líder que desees ser, el líder que desees admirar, tiene que ser auténtico para ti y para quién eres, lo cual se basa en tus propios valores y normas personales". No solo imites: incorpora esas mejores prácticas de liderazgo que admiras en tu estilo personal de una manera que sea auténtica a quién eres, para que sean sostenibles y naturales de exhibir.

Permíteme compartir algunas de las lecciones que he aprendido, que te ayudarán a convertirte en un líder admirado en tu organización y campo. Como dijo Otto von Bismarck: "Sólo un tonto aprende de sus propios errores. El sabio aprende de los errores de los demás".

Ayuda a otros

Cuando soy nuevo en una organización, amplio mi red programando sesiones con varios ejecutivos. Quiero presentarme, aprender sobre ellos y agradecer sus consejos mientras me adapto al nuevo rol: parece una buena agenda para iniciar la conversación, tal vez iniciar una nueva relación, ¿verdad?

Entonces conocí a este tipo, quien me contó sobre su vasta experiencia de más de veinte años en la empresa. Luego le conté de mi trayectoria, y le pregunté si tenía algún consejo para un nuevo colega que intentaba tener éxito en la organización. Él respondió fríamente: "Solo ayudo a quienes me ayudan". No me dio ningún consejo, y rapidito la conversación terminó de manera incómoda. ¿¡Qué!? Definitivamente no me esperaba eso. Me alejé desconcertado porque no había escuchado una declaración más egoísta en un entorno profesional que esa.

Lección: es gratis dar un consejo a los demás. No ayudes a los demás por interés propio, hazlo porque es satisfactorio ayudar. Aun si quisieras ser egoísta, piensa en esto: Nunca sabes de quién necesitarás ayuda en el futuro, así que te conviene mantener abiertas tus opciones.

Interésate

Le dije a Stephen que saldría de la oficina por unas horas esa semana. Le expliqué que me convertiría en ciudadano estadounidense y que asistiría a mi ceremonia de naturalización con mi esposa. ¡El apareció en mi ceremonia! Estuvo allí porque se dio cuenta de que era un evento personal importante, y quería compartir conmigo ese momento feliz. Descubrí que hizo lo mismo con otro colega hace muchos años y se presentó en otros eventos públicos de celebración. Muestra a tu equipo y a tus compañeros que te preocupas sinceramente por ellos, y que estás ahí para ayudarlos en los buenos y en los malos momentos.

Al principio de mi carrera, le dije al gerente que me empezaban a doler las muñecas debido a los síntomas del síndrome del túnel carpiano. Le pedí un escritorio mejor, ya que el mío no permitía la postura y el ángulo ergonómico adecuado. En lugar de mostrar empatía y aprobarlo, me dijo que una cirugía rápida solucionó el problema de su hermana, y que por lo tanto debería investigarlo.

Lección: Siempre muestra empatía hacia tu equipo, mejorará infinitamente la relación con otros y la percepción que tienen sobre ti.

Sé respetuoso

Estábamos en un pequeño grupo de cinco colegas. Estábamos revisando las especificaciones técnicas de la línea productiva y, de repente, el tipo más senior empezó a gritarme, delante del todos. Ni siquiera puedo recordar por qué me gritó, sólo recuerdo que mi sangre empezó a hervir de la cólera. Él tenía una reputación de ser extremadamente duro y era temido por todos. Como odio a cualquier *bully*, le grité de vuelta (una reacción debatible, he de admitir); "¡No tienes que gritarme porque puedo oírte bien! ¡Y no me vas a tratar así!". No sabía si eso provocaría un puñetazo en mi dirección, pero se calmó y seguimos discutiendo el tema como personas normales. Nunca más me faltó el respeto. Ese episodio fue innecesario, ya que él podría haber expresado su punto de manera respetuosa, pero firme y urgente.

Lección: trata a los demás como quieres que te traten, y como corolario, establece el estándar de cómo serás tratado. Nunca le he gritado a un colega, probablemente porque aprendí cómo se siente recibir gritos de alguien más.

Sé responsable

Entré al baño de la oficina después de una reunión importantísima y escuché algo que nunca había escuchado: el llanto de un hombre adulto dentro de uno de los cubículos. Reconocí los zapatos de Samuel (nombre ficticio) e inmediatamente me di la vuelta y salí. Samuel era el colega para el que trabajé en ese proyecto. Veinte minutos más tarde, el entró en la sala del equipo. Yo no mencioné nada sobre el incidente del baño, porque no quería que él se sintiera avergonzado de haber sido descubierto por mí.

Antes de ese episodio en el baño, estábamos en la misma reunión importante: Samuel hizo una presentación ante varios ejecutivos clave del cliente, pero la reunión se vino para abajo. No creyeron lo que les explicó, y el CEO del cliente se sintió extremadamente frustrado y molesto. Nuestro socio principal se puso de pie, caminó hacia el frente y dijo con confianza: "Por favor, ignoren lo que Samuel ha estado diciendo, no tiene sentido, lo sé. Lo que propongo que hagamos es…". Vaya, arrojó a Samuel debajo del autobús frente al equipo de consultoría y el del cliente, para él quedar como el héroe de la historia. Podría haber rescatado la conversación sin destruir la reputación de Samuel en el proceso; al final del día, como socio principal, él era responsable del desempeño y la presentación del equipo, y no Samuel.

Lección: un verdadero líder está dispuesto a recibir una bala por su equipo. No sólo aplastó a su compañero, sino que perdió mi respeto y probablemente el de los demás.

Aclara tus expectativas

Le pregunté al director de proyecto al que me uní esa semana qué papel quería que yo desempeñara en el taller de la próxima semana. Él había comenzado con el cliente dos semanas antes del resto del equipo, así que me respondió: "Yo lo dirigiré y tú puedes apoyarme con esto y aquello". Entendido.

Eso es lo que hicimos y el taller salió bien. A los pocos días, un socio que asistió al taller—y que me había entrevistado—me dijo; "Estoy profundamente decepcionado de que no dirigieras el taller, pensé que ibas a mostrar empuje e iniciativa". Vaya, nunca fui consciente de tales expectativas, dada la clara dirección del director del proyecto. Me hizo sentir muy mal durante los largos cuarenta y cinco minutos que duró esa sesión, pero más importante aún, durante muchos meses más, porque sentí que tenía una reputación que reparar.

Lección: como gerente o líder, debes comunicar claramente tus expectativas porque las personas no saben leer tu mente. Desde ese incidente, hago un esfuerzo concreto para garantizar que mi equipo tenga claridad sobre mis expectativas en cada misión: sólo entonces puedo evaluar de manera justa su desempeño.

Empodera a tu equipo

La entrada al mercado brasileño del chocolate sigue siendo uno de mis proyectos más memorables y gratificantes. Una de las tantas razones es porque mi jefe, Carlos, me empoderó desde el comienzo. Carlos vivía en Buenos Aires y yo vivía en São Paulo. No podía pasar por mi oficina cada dos horas para comprobar cómo iban las cosas, lo veía quizás cada tres semanas. Me dio el espacio que necesitaba para dirigir mi programa como mejor me pareciera y tomar muchas decisiones. Lo involucré cuando necesitaba orientación o claridad, y lo mantuve informado según fuera necesario. Esta dinámica me pareció perfecta, ya que me permitió desarrollarme aún más como líder, supervisando seis áreas de trabajo y más de veinticinco personas en el día a día. Una amiga con un perfil similar al mío me dijo que su jefe quiere revisar los correos electrónicos antes de que ella y el equipo los envíen a los ejecutivos para asegurarse de que no haya nada inapropiado en el tono, la gramática o el contenido... ¡Ay, que frustrante!

Lección: Forma tu equipo con personas calificadas y confiables, aclara las expectativas, y muévete del camino. Déjalos crecer.

Sé equilibrado

Al crecer en Honduras, no veía a mi padre varios días a la semana ya que él viajaba a diferentes partes del país para construir puentes. Construyó casi cien puentes y fue una figura clave en el desarrollo de la infraestructura del país. Cuando estaba en casa, él dejaba lo que estaba haciendo para disfrutar de la cena con la familia en la mesa del comedor. Absolutamente nada se interpondría en el camino de la cena: era un momento sagrado en familia. Nos sentábamos todos a la mesa y disfrutábamos de un rato agradable juntos. Después de cena, extendía sobre la mesa sus planos, documentos de nómina, calculadora, etc., para trabajar hasta terminar lo que necesitaba para hacer ese día. Horas más tarde, yo pasaría para darle un beso de buenas noches antes de ir a acostarme, pues al día siguiente iba a la escuela.

Esto me enseñó un par de cosas: (1) trabajar duro para lograr mis objetivos diarios y (2) hay más en la vida que el trabajo, y necesito cuidar esos aspectos (tiempo con mi familia, hacer ejercicio, descansar, aprender, etc.). Esta primera lección está relacionada con el valor del trabajo duro que él inculcó en mí, lo cual mencioné en el capítulo 7. Hasta el día de hoy, prefiero hacer una pausa en mis actividades laborales para hacer ejercicio y cenar, y luego sigo trabajando, en lugar de trabajar sin parar y sacrificar el ejercicio y la cena familiar.

Lección: trabaja diligentemente para terminar lo que haya que terminar, no te atrases. ¡Pero recuerda que hay vida más allá de tu trabajo! Préstale la atención que merece.

Celebra el éxito

Después de muchos meses de trabajar en un proyecto que trajo enormes beneficios para nuestra empresa, Stephen me dijo: "Excelente trabajo, AC, por favor lleva a tu esposa a un restaurante fino, disfruten de nuestros agradables vinos y champaña con la cena, que yo invito". Stephen lo hace para celebrar los hitos de cada compañero del equipo. Es un pequeño detalle, pero no sólo premia al empleado que se desempeñó bien, sino que también aumenta el aprecio de la pareja que se siente incluida como parte del esfuerzo y las celebraciones del equipo.

Lección: celebrar el éxito es importante, incluso los hitos en el camino hacia la meta. Por supuesto, ese es el objetivo de *El camino hacia Champaña*: construir una vida llena de acontecimientos que desencadenen celebraciones.

"Lo primero es lo primero. Consigan la champaña".

—Winston Churchill, primer ministro británico (1874-1965)

Entonces, ¿qué efecto han tenido estas y otras lecciones en mi liderazgo? Bueno, ellas influyeron en mi estilo, por supuesto. Mi estilo de liderazgo es uno que:

- Aclara la misión y da espacio para la creatividad; también a los errores mientras se aprenda de ellos

- Trata a cada miembro del equipo con la importancia que se merece

- Empodera y motiva al equipo a dar su mejor desempeño

- Es accesible y está dispuesto a ayudar en cualquier momento

- Es flexible dependiendo de las necesidades de cada miembro del equipo

- Se arremanga para trabajar codo a codo con el equipo

- Ayuda a cada miembro a crecer profesionalmente hacia sus objetivos

- Responsabiliza a los demás, tal como yo soy responsable

- Celebra el éxito

- Promueve la diversión

Estas características no son al azar. Elegí lo que creo que son características de alguien a quien me encantaría seguir. No imito a una sola persona; la suma de todos los líderes que admire define el auténtico estilo de liderazgo de Alejandro. Todos esos líderes fueron recogidos de diferentes fuentes y experiencias a lo largo del camino. Tu estilo de liderazgo debe considerar lo que tus seguidores quieren y necesitan.

"El liderazgo no se trata de mí. Se trata de ellos".

—Dr. Marshall Goldsmith, entrenador ejecutivo y autor *bestseller*

En resumen

Aunque este es el último capítulo, este principio debes aplicarlo ahora, independiente de dónde te encuentres en tu viaje. Todos los líderes que me rodeaban eran muy inteligentes y capaces. La variable clave que los hizo increíbles o no, fue su inteligencia emocional. Un solo episodio que demuestre una inteligencia emocional débil es suficiente para colocarte en la lista negra de alguien y dañar tu marca profesional. Tendrás líderes horribles y espectaculares a lo largo de tu carrera. No desperdicies las lecciones asociadas a las malas experiencias, ya que te están enseñando cómo no ser. Evita los malos ejemplos e imita los buenos. Ese conocimiento te convertirá en un mejor líder y en un mejor conductor en tu camino hacia el éxito.

"Cada experiencia, buena o mala, es una pieza de colección
de valor incalculable".

—Isaac Marion, escritor estadounidense

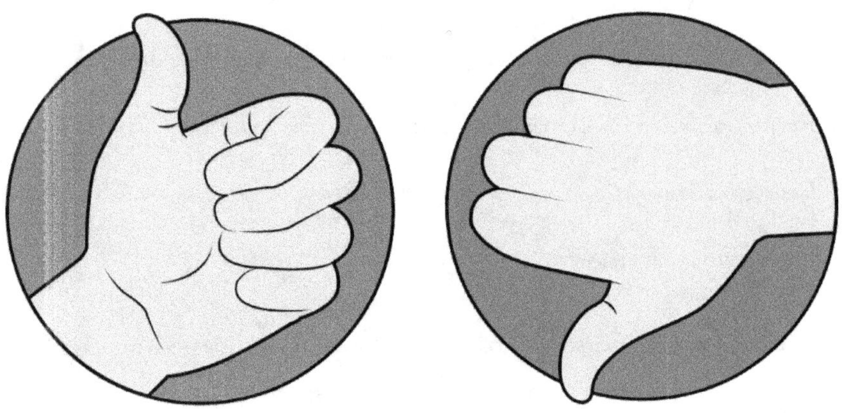

Puntos clave: Aprende de todos los líderes

- La inteligencia emocional es fundamental. Invierte tiempo y esfuerzo en ella.
- Tanto los modelos a seguir, como los "a no seguir", te enseñan lecciones valiosas.
- No desperdicies una mala experiencia con tu jefe; aprende cómo puedes evitar eso al liderar a otros.

Autoevaluación

¿Qué afirmación te describe mejor? Encierra en un círculo la letra correspondiente.

a) No presto mucha atención a los líderes que me rodean. Cada uno de nosotros tiene nuestro propio estilo. No tengo nada que aprender de los malos líderes.

b) Por supuesto, aprendo de los buenos líderes que me rodean, pero bloqueo mentalmente a malos líderes para que no me influyan negativamente.

c) Evalúo constantemente a los líderes que me rodean y tomo nota de qué imitar y qué no. Esto ayuda a perfeccionar mi estilo de liderazgo. Mi inteligencia emocional es un "trabajo en proceso".

Acciones a tomar

- Escribe una lista de los *mejores* ejemplos de comportamiento de liderazgo que has presenciado.

____

____

____

____

- Encierra en un círculo aquellos que deseas que sean parte visible de tu marca profesional y estilo de liderazgo.

- Para cada ejemplo marcado con un círculo, enumera las acciones concretas que tomarás para practicar dicho comportamiento e incorporarlo en tu forma de trabajar.

Comportamiento:	Acción:	Fecha:
_____________	__________________	________
_____________	__________________	________
_____________	__________________	________
_____________	__________________	________

- Escribe una lista de los *peores* ejemplos de comportamiento de liderazgo que has presenciado:

____

____

____

____

- Encierra en un círculo aquellos que nunca deseas sean parte visible de tu marca profesional y estilo de liderazgo.

- Para cada ejemplo marcado con un círculo, enumera las acciones concretas que tomarás para practicar lo opuesto a ese comportamiento. Si ya incluiste el comportamiento opuesto en ejercicio anterior, puedes saltarlo.

Comportamiento: Acción: Fecha:

Autoevaluación General

El objetivo de este libro no es sólo exponerte a las acciones que atacarán las causas fundamentales de un lento crecimiento profesional, sino también ayudarle a priorizar dónde enfocar tus esfuerzos. Lo harás con unos sencillos pasos:

a. Vuelve a la Autoevaluación al final de cada capítulo. Si te lo saltaste, no funcionará... regresa y hazlo.

b. Busca la afirmación que marcaste con un círculo (aquella con la que te identificaste más).

c. Escribe aquí la letra de cada declaración que circulaste:

- o   Principio 1:   ________

- o   Principio 2:   ________

- o   Principio 3:   ________

- o   Principio 4:   ________

- o   Principio 5:   ________

- o   Principio 6:   ________

- o   Principio 7:   ________

- o   Principio 8:   ________

- o   Principio 9:   ________

- o   Principio 10:   ________

- o   Principio 11:   ________

- o   Principio 12:   ________

- o   Principio 13:   ________

d. En la siguiente página, colorea o señaliza cada segmento del marco en la Figura 0.1. con marcadores de color, de esta forma:

   o   A = rojo

   o   B = amarillo

   o   C = verde

e. Esta es la clave para cada letra:

   o   A = Principiante (aun no has incorporado este principio)

   o   B = Intermedio (tienes un buen dominio, pero debes mejorar más)

   o   C = Maestro (¡eres muy competente en vivir este principio!)

f. Ahora puedes apreciar visualmente en qué principios necesitas centrar tus esfuerzos de mejora:

   o   Comienza trabajando para eliminar las áreas rojas.

   o   Luego, concéntrate en convertir las áreas amarillas en verdes.

   o   Por último, no descuides las zonas verdes. La definición de "maestro" evoluciona a medida que creces, lo que requiere que sigas afinando ese principio.

g. Comienza a ejecutar tu plan de mejora para las áreas priorizadas.

Si tienes curiosidad… he aplicado este formato de autoevaluación en los discursos que he dado en varios países, con profesionales jóvenes y maduros, y los resultados de las encuestas revelan que los tres principios en los que ellos más deben centrarse son:

Principio 2: Apunta fuera de tu liga

Principio 9: Define tu marca

Principio 10: Aumenta tu poder e influencia

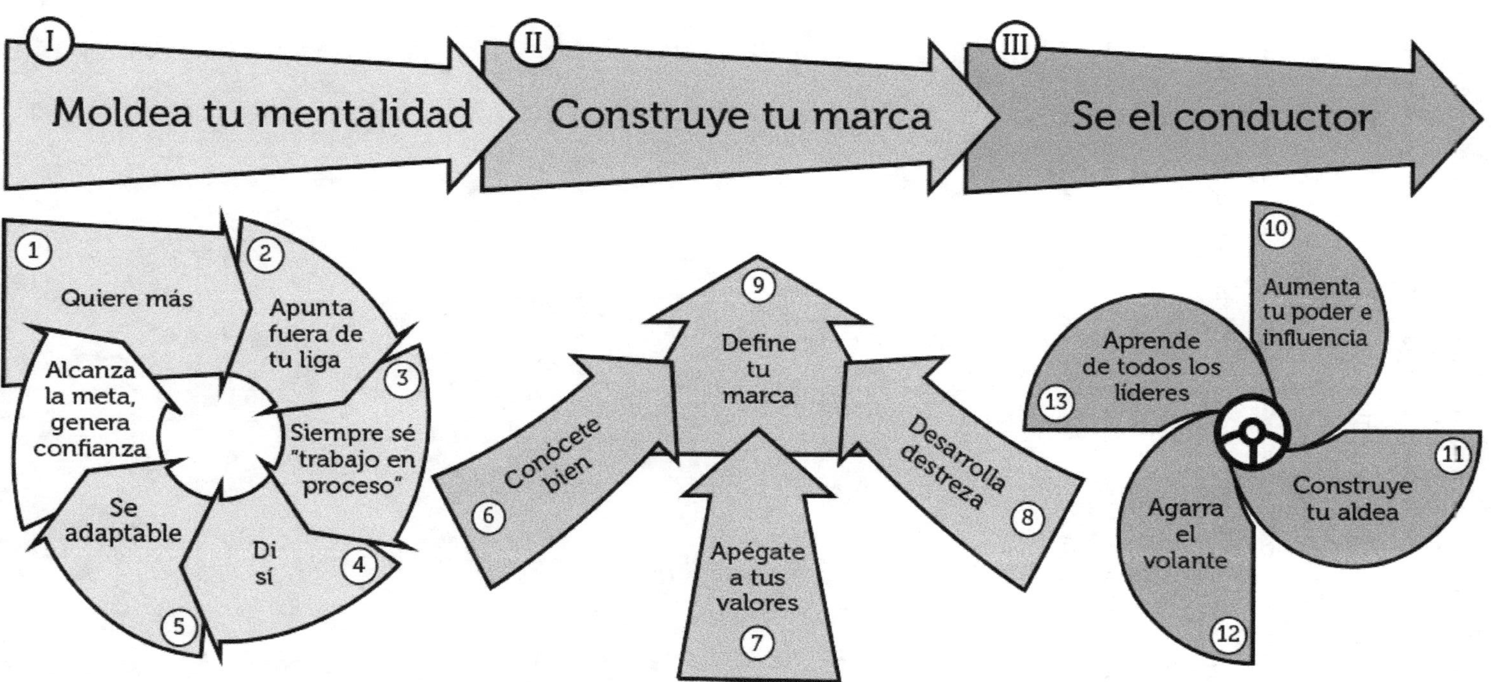

Figura 0.1 El marco de El camino hacia Champaña ©

Si actualmente tienes un buen nivel de competencia en algún principio, tienes que saber que es muy probable que la barra o expectativa suba en tu próximo puesto, lo que requerirá que eleves tu nivel de competencia. ¡Esto significa que debes ser un "trabajo en proceso" en todo momento! Ser maestro de los trece principios es posible, pero requerirá tiempo, esfuerzo y atención. Por eso es que dije en la introducción que cuanto más joven empiezas a abordar estas áreas, más sencillo será tu viaje, y que nunca es demasiado tarde.

Cuanto menos rojo o amarillo obtengas, mayor será tu probabilidad de éxito... ¡Así que ponte manos a la obra para poder abrir botellas de champaña lo antes posible!

Conclusión

¡Felicidades! ¡Mereces abrir una botella de champaña por llegar al final del libro! Espero que esta lectura desencadene una nueva versión de ti en tu carrera, y que ya estés elaborando tus estrategias y pasos concretos para hacer tu éxito una realidad.

Juntos, hemos explorado trece básicas pero poderosas formas de maximizar la efectividad de tu viaje hacia el éxito. Recuerda que esto no es una carrera de velocidad, si no que de resistencia, y que su duración será la que dure tu vida profesional. Debido a que estos principios requieren de mucho esfuerzo, es justo asumir que no muchos tendrán la disciplina y el impulso para aplicarlos de manera efectiva. ¡No te permitas ser parte de ellos! ¡Haz tu mejor esfuerzo!

Es posible que debas enfocarte en algunos principios más que otros, y eso está bien (por eso la Autoevaluación, para que sepas como priorizar). Tan solo recuerda que eventualmente necesitarás atender a cada uno de los trece principios, ya que ellos podrán elevarte hacia una versión mejorada de ti mismo en tu carrera y en tu vida. Usar estos principios es embarcarse en un viaje emocionante y de evolución, el cual no debes empezar mañana, o la próxima semana: tienes que comenzarlo *ahora*.

Para moldear tu mentalidad, debes...

1. Querer sacar más provecho de tu carrera y de tu vida, de lo contrario, puedes terminar estancado. El deseo de querer más trae el impulso necesario para superar la inercia, pero siempre recuerda disfrutar y agradecer por cada fase.

2. Apuntar fuera de tu liga, no aspires a lo normal y esperado. ¡Apunta alto!

3. Cambiar tu mente hacia una de aprendizaje continuo, y ser siempre un "trabajo en proceso", nunca un producto terminado. De lo contrario, te volverás obsoleto y perderás oportunidades potenciales.

4. Decir sí a los desafíos y las oportunidades que te harán crecer con más frecuencia. Te traerán resultados positivos a nivel personal y profesional.

5. Ser adaptable para tener éxito en diferentes entornos, dondequiera que te lleven esas oportunidades. Acostúmbrate al cambio, porque "más" siempre trae cambio consigo. O mejor aún, búscalo de forma proactiva.

Para construir tu marca, debes...

6. Conocerte de adentro hacia afuera con gran precisión: qué te define y cómo te perciben los demás. Sólo entonces podrás aprender a gestionarte a ti mismo y convertirte en el líder que quieres llegar a ser.

7. Ceñirte a tus valores y dejar que ellos guíen tu toma de decisiones. Debes estar en sintonía con tu conjunto de valores.

8. Adquirir destreza y experiencia en uno o dos temas clave que te diferenciarán en tu campo. Sé conocido por dominar dichos temas. Asegúrate de tener un desempeño adecuado en otros temas relevantes en tu campo.

9. Reunir los tres elementos anteriores en una declaración de marca breve y coherente que transmita tu propuesta de valor. Invierte en construir y mantener esa marca y déjala evolucionar de manera consciente y estratégica.

Para ser el conductor, debes...

10. Conocer la dinámica de poder de tu organización para ser más eficaz en tu

función. Aprende a ser influyente para impulsar las soluciones adecuadas.

11.   Construir tu aldea (o tu red) porque la necesitarás para atravesar cada línea de meta. Tu carrera no es un deporte individual. También, utilizar tu influencia y tus relaciones para ayudar a otros a crecer.

12.   Tomar el volante de tu carrera. Olvídate de depender pasivamente de otros para que las cosas sucedan. Esta es una responsabilidad que no debes delegar.

13.   Aprender de todos los líderes que te rodean: los buenos y los malos. Todos te están enseñando cómo ser y cómo no ser. Invierte en tu inteligencia emocional.

Como mencioné anteriormente, estos principios me han llevado a un viaje emocionante a través de la industria de alimentos y bebidas en varios países, y me han permitido alcanzar una fase profesional emocionante en la que trabajo con amadas y reconocidas marcas de Champaña. Habiendo trabajado con chocolates, dulces, chicles, aderezos bajos en calorías, puré de banano, camarones, galletas y hamburguesas, ciertamente puedo decir que prefiero las muestras de productos actuales. Trabajar con estrategia, resolviendo problemas, y viviendo en una ciudad tropical de mi elección me hace creer firmemente que estos principios funcionan. Poner estos principios en acción ha ayudado a mi vida y a la de muchos amigos, colegas e incluso familiares mencionados en este libro, incluidos Alex, Alison, Eric, Guillermo, Hector, Hinesh, Jasmin, Juan, Lili, Lindsey, Maria, Mariela, Neeraj, Phil, Rissa y muchos otros invitados del podcast, además de muchos otros que no podría mencionar.

Pon a prueba los trece principios. El éxito nunca está garantizado, pero estas son formas de maximizar la probabilidad de llegar a tu Champaña. De esto se trata este libro. Sea un repaso o sea información completamente nueva para ti, mi esperanza es motivarte a realizar los ajustes necesarios en tu forma de pensar, tu marca personal y tus acciones para transformarte en una versión mejorada y más exitosa de ti mismo.

Ahora estás mejor preparado para reflexionar sobre las preguntas que te permitirán continuar avanzando en tu carrera profesional: "¿cómo puedo hacer para seguir creciendo en mi carrera? ¿cómo puedo alcanzar el próximo paso de crecimiento?". De lo contrario, no mejorarás tu etapa actual, especialmente si hay más potencial dentro de ti para crear más valor e impacto.

Cada capítulo contenía un conjunto de Acciones a tomar. Vuelve atrás en caso de que las hayas saltado, y si hablas inglés, escucha los podcasts donde podrás conocer más sobre los invitados que ya conociste; lo puedes hacer en www.RoadToChampagne.com/podcasts/

Te deseo lo mejor y agradezco tu apoyo. ¡Salud por tu éxito!

"El éxito no es un accidente. Es trabajo duro, constancia, aprendizaje, estudio, sacrificio y sobre todo amor por lo que estás haciendo o aprendiendo a hacer".

—Pelé

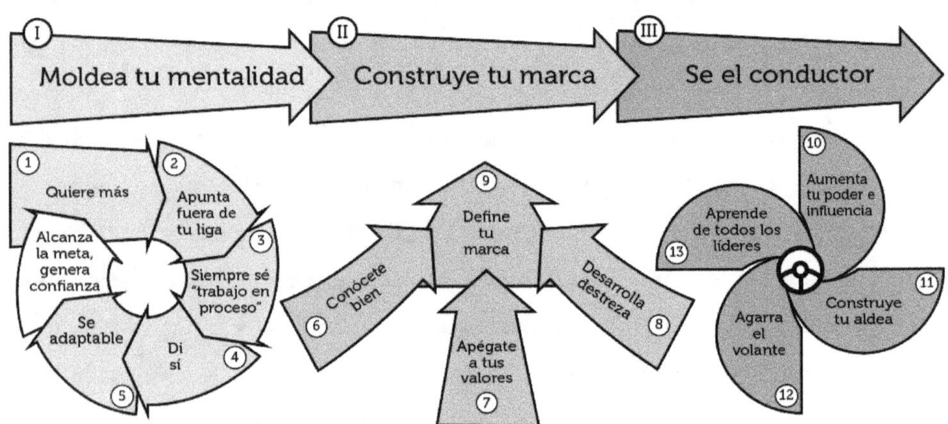

Figura C.1 El marco de El camino hacia Champaña ©

Referencias

Afremow, J. 2013. *The Champion's Mind*. Rodale.

Algoe, S.B., et al. 2010. "It's the Little Things: Everyday Gratitude as a Booster Shot for Romantic Relationships". *Personal Relationships* 17, pp. 217–233.

Bartleby. 10 de octubre, 2019. "In Praise of Dissenters". *The Economist.* www.economist.com/business/2019/10/10/in-praise-of-dissenters (consultado en Junio del 2020).

Bradberry, T., y J. Greaves. 2009. *Emotional Intelligence 2.0*. TalentSmart.

Casciaro, T., y M.S. Lobo. Junio 2005. "Competent Jerks, Lovable Fools, and the Formation of Social Networks". *Harvard Business Review.*

Christensen, L., et al. Agosto 2020. "The most fundamental skill: Intentional learning and the career advantage". *McKinsey Accelerate.* www.mckinsey.com/featured-insights/future-of-work/the-most-fundamental-skill-intentionallearning-and-the-career-advantage (consultado en Septiembre del 2020).

Cross, R., y R. Thomas. Julio–agosto 2011. "A Smarter Way to Network". *Harvard Business Review.*

Davis, I., D. Keeling, P. Schreier, y A. Williams. Julio 2007. "The McKinsey Approach to Problem Solving". *McKinsey Staff Paper*, No. 66.

Diaz-Uda, A., C. Medina, y B. Schill. 24 de julio, 2013. "Diversity's New Frontier". *Deloitte Insights.*

Disalvo, D. 20 de agosto, 2018. "Can Personality Change or Does It Stay The Same For Life? A New Study Suggests It's A Little of Both". *Forbes.com.* www.forbes. (consultado en Agosto del 2020).

Dweck, C.S. 2016. *Mindset: The New Psychology of Success*. Ballantine Books.

Emmons, R.A., y M.E. McCullough. 2003. "Counting Blessings Versus Burdens: An Experimental Investigation of Gratitude and Subjective Well-Being in Daily Life". *The Journal of Personality and Social Psychology* 84, no.2, pp. 377–389.

Ericsson, K.A., M.J. Prietula, and E.T. Cokely. Julio–agosto 2007. "The Making of an

Expert" *Harvard Business Review*.

Eurich, T. 4 de enero, 2018. "What Self-Awareness Really Is (and How to Cultivate It)". *Harvard Business Review*.

Eurich, T. 19 de octubre, 2018. "Working with People Who Aren't Self-Aware". *Harvard Business Review*.

Gebelein, S.H., et al. 2001. *Successful Manager's Handbook*. Personnel Decisions International.

Greene, R. 2000. *The 48 Laws of Power*. Penguin Books.

Hewlett, S.A. 2013. *(Forget a Mentor) Find a Sponsor*. Harvard Business Review Press.

Houston, B. 2018. *There Is More*. WaterBrook.

Hunt, V., S. Prince, S. Dixon-Fyle, y K. Dolan. 19 de mayo, 2020. "Diversity wins: How inclusion matters". *McKinsey & Co.* (consultado en agosto del 2020).

Innes, R.H. 1998. "Hernán Cortes". *Brittanica*. (consultado en julio del 2020)

Jacobs, E. 1 de marzo, 2020. "Stuff the inspiring types, find me an anti-role model". Financial Times. (consultado en agosto del 2020).

Jeffrey Pfeffer. 1992. *Managing with Power*. Harvard Business School Press.

John E. Sheridan, et al. 2017. "Effects of Corporate Sponsorship and Departmental Power on Career Tournaments". *Academy of Management*.

Johnson, S. 2000. *Who Moved My Cheese?* Penguin Random House.

MacNeil, K. 2015. *The Wine Bible*. Workman Publishing.

Maxwell, J.C. 2007. *The 21 Irrefutable Laws of Leadership*. Thomas Nelson.

Michaelson, G. 2003. *Sun Tzu For Success*. Adams Media.

Mills, P.J., et al. 2015. "The Role of Gratitude in Spiritual Well-being in Asymptomatic Heart Failure Patients". *Spirituality in Clinical Practice* 2, No. 1, pp. 5–17. American Psychological Association.

Murphy, M. 14 de agosto, 2016. "The Big Reason Why Some People Are Terrified of Change (While Others Love It)". *Forbes.com*. (consultado en junio del 2020).

Nemeth, C.J. 2018. *In Defense of Troublemakers—The Power of Dissent in Life and Business*. Hachette Book Group.

Phillips, K.W. 18 de septiembre, 2017. "How Diversity Makes Us Smarter". *Greater Good Magazine.* (consultado en mayo del 2020).

Power, Influence, and Persuasion. 2005. Harvard Business School Press.

Reproducido con permiso de MindTools.com. 2020. *What Are Your Values?* (consultado en junio del 2020).

Steward, D.L. 2004. *Doing Business By The Good Book.* Hyperion.

Wood, A.M., et al. Enero 2009. "Gratitude Influences Sleep Through the Mechanism of Pre-sleep Cognitions". *Journal of Psychosomatic Research* 66, No. 1, pp. 43–48.

www.Gracefund.org

www.hectorastorga.com

Zitelmann, R. 30 de diciembre, 2019. "Set More Ambitious Goals This New Year's Eve!" *Forbes.com.* (consultado en junio del 2020).

Sitio web

Visita www.RoadToChampagne.com

Allí podrás:

Descargar las plantillas de Acciones a tomar, gratuitas en
formato pdf rellenable (en inglés)

¡Escuchar podcasts con invitados que exploran cada principio!

Unirte a nuestra lista de correo para descargar un pdf del marco...
Perfecto para imprimir y colocar donde puedas verlo todos los días.

Enviarle a Alejandro tus comentarios

Redes Sociales

Síguenos en redes sociales:

- LinkedIn: The Road to Champagne

- Instagram: The Road to Champagne

- Facebook: The Road to Champagne

- YouTube: The Road to Champagne

Sobre el autor

Alejandro Colindres Frañó es un ejecutivo de alimentos y bebidas con amplia experiencia en la industria luego de trabajar en empresas líderes como McKinsey & Company, Kearney, Cadbury (ahora Mondelēz), Restaurant Brands International y otras en Estados Unidos, Brasil y Honduras. Al escribir el libro era vicepresidente de estrategia en Southern Glazer's Wine & Spirits, una empresa privada con ventas de más de 25 mil millones de dólares.

Alejandro obtuvo su licenciatura de la Universidad de Cornell y su MBA de la escuela de negocios Kellogg de la Universidad Northwestern.

Reúne más de 30 años de lecciones de vida bajo un marco simple para permitir al lector pensar estratégicamente sobre cómo maximizar el éxito en su propia carrera y vida. Sus pasiones incluyen viajar alrededor del mundo, correr, la playa y los vinos. Ahora vive en España con su esposa y su perrita.

Deja tu reseña

Hola lector.

¿Encontraste útil este libro?

¿Estás implementando cambios en tu enfoque de crecimiento profesional?

¿Crees que otros lectores se beneficiarán de El camino hacia Champaña?

Si es así, no olvides dejar una recomendación: ¡Cada reseña importa!

Ve a Amazon o al lugar donde compraste este libro para compartir tu reseña.

¡Y también recomiéndaselo a tu red, porque muchos necesitan este mensaje!

¡Gracias!

Alejandro

www.ingramcontent.com/pod-product-compliance
Lightning Source LLC
Chambersburg PA
CBHW070853160726
48004CB00003B/1064